Mindahun Degafu

Conceber uma plataforma de partilha de conhecimentos

Mindahun Degafu

Conceber uma plataforma de partilha de conhecimentos

ScienciaScripts

Imprint

Cover image: www.ingimage.com

This book is a translation from the original published under ISBN 978-620-2-31126-7.

Publisher:
Sciencia Scripts
is a trademark of
Dodo Books Indian Ocean Ltd. and OmniScriptum S.R.L publishing group

120 High Road, East Finchley, London, N2 9ED, United Kingdom
Str. Armeneasca 28/1, office 1, Chisinau MD-2012, Republic of Moldova, Europe
Printed at: see last page
ISBN: 978-620-8-36622-3

Dedicação

Gostaria de dedicar este trabalho de investigação à minha mãe, que sempre me apoiou desde a infância.

Agradecimentos

Em primeiro lugar e acima de tudo, gostaria de agradecer ao Dr. Temtim Assefa pelos seus conselhos ininterruptos para a realização deste trabalho de investigação. Doutor, foi a única pessoa que me orientou mesmo quando comecei a pensar no que fazer para esta tese. Também disponibilizou todas as melhores palavras de motivação e energia na minha vida e apresentou materiais maravilhosos e documentos de apoio para a realização desta investigação. És o meu professor, o meu orientador e o melhor mentor que já tive na minha vida. Agradeço-te muito!

Mãe, és uma das poucas pessoas que tenho neste mundo. Não há ninguém neste mundo que eu ame, respeite e com quem me preocupe, exceto tu. É só por ti que eu vivo. É a tua oração que me mantém são e salvo. Que Deus te dê uma vida longa! Eu amo-te sempre, mãe. Este trabalho é para ti!

À minha mulher, Leleye, que tem sido a minha principal crítica e que sempre soube o que estava a faltar e como pôr as coisas de forma humilde. Foste o elemento impulsionador que fez desta investigação o que ela é. Por isso, não tenho palavras para te agradecer.

A Melese Zenebework, Heyeru Hussen, Minwiyelet, Yeshumnesh e Million, que foram fundamentais para o trabalho desta tese e cujo encorajamento me levou a fazer a investigação de uma forma melhor. Mantiveram-me concentrado e foram mais amigos do que alguém pode pedir. A minha gratidão especial vai também para os secretários-gerais das associações membros da ECCSA e para os peritos seniores que me ajudaram durante a entrevista.

Todas as vossas contribuições para o meu trabalho foram muito mais do que qualquer um de vós previu. Por todas as mãos que me estenderam, agradeço-vos profundamente, obrigado.

Índice

Lista de acrónimos

ECCSA	Ethiopian Chamber of Commerce and Sectoral Associations
EPPCF	Ethiopian Public Private Consultative Forum
ICT	Information Communication Technology
IOKS	Inter Organizational Knowledge Sharing
IOKSS	Inter Organizational Knowledge Sharing Systems
KM	Knowledge Management
KMS	Knowledge Management System
KS	Knowledge Sharing
NBA	National Business Agenda
SECI	Socialization, Externalization, Codification and Internalization
WFMS	Workflow Management System

Resumo

Na economia global atual, a vantagem competitiva é cada vez mais conseguida através da utilização eficaz do conhecimento. O conhecimento é o recurso estratégico mais importante nas organizações. Neste sentido, a gestão do conhecimento é importante na comunidade empresarial. No entanto, a maior parte dos conhecimentos na ECCSA não é partilhada com o pessoal, os membros e a comunidade empresarial em geral. A ECCSA não dispõe de sistemas que promovam a partilha de conhecimentos. Não é uma organização de aprendizagem que documente adequadamente os conhecimentos e as melhores práticas produzidos internamente ou obtidos em visitas de benchmarking noutros locais. Além disso, não existe um sistema formal de partilha das lições aprendidas em viagens ao estrangeiro pelos membros do conselho de administração.

O principal objetivo desta investigação é conceber uma plataforma de partilha de conhecimentos que promova a partilha de conhecimentos inter-organizacionais entre as associações membros da ECCSA. O estudo utilizou métodos de investigação qualitativos de estudo de caso e de design science. O método de investigação de estudo de caso é utilizado para avaliar a prática de partilha de conhecimentos existente entre as associações membros e explorar os factores que promovem a IOKS. Além disso, o método de investigação design science é utilizado para conceber uma plataforma de partilha de conhecimentos que promova a partilha de conhecimentos entre as associações membros da ECCSA. Os dados foram recolhidos através de métodos de entrevista, observação e análise de documentos. Foram selecionados para entrevista doze representantes de associações empresariais, utilizando métodos de amostragem intencionais.

O estudo mostrou que a tecnologia é a menos aplicada entre as associações membros e é o fator que dificulta a partilha de conhecimentos. Isto confirmou que a ECCSA e os seus membros precisam de aplicar sistemas de gestão do conhecimento e infra-estruturas de TIC para promover a IOKS. Além disso, o estudo concebeu uma plataforma de partilha de conhecimentos. Esta plataforma contribui para promover a partilha de conhecimentos inter-organizacionais entre as associações empresariais.

O estudo recomendou que a infraestrutura de TIC que a ECCSA e as associações membros utilizavam precisa de ser melhorada. A este respeito, pode facilitar a comunicação entre as associações membros e permitir que as associações empresariais acedam e partilhem conhecimentos. Além disso, a ECCSA deve utilizar ferramentas KMS para apoiar as suas actividades comerciais.

CAPÍTULO 1
INTRODUÇÃO

1.1 Contexto

Na economia global atual, a vantagem competitiva é cada vez mais conseguida através da utilização eficaz do conhecimento. O conhecimento é o recurso estratégico mais importante nas organizações. Neste sentido, a gestão do conhecimento tornou-se um dos elementos mais essenciais para o sucesso empresarial. De acordo com Nakkiran & David (2003), o conhecimento é o principal bem e o mais importante na economia. A gestão do conhecimento é importante para a comunidade empresarial porque o conhecimento é um dos elementos mais essenciais para manter a sua competitividade. Como resultado, a gestão do conhecimento permite às organizações encontrar, selecionar, organizar, distribuir e transferir informação crítica.

A partilha de conhecimentos é um processo em que o indivíduo troca os seus conhecimentos e ideias através de discussões para criar novos conhecimentos ou ideias (Alam et al., 2009). Tal como definido por Argote (2003), a partilha de conhecimentos é o processo através do qual uma unidade é afetada pela experiência de outra. Se as organizações implementarem corretamente a partilha de conhecimentos, serão bem sucedidas e competentes na sua atividade. As organizações têm de tirar partido do conhecimento que adquirem para terem uma partilha de conhecimentos eficaz dentro da organização. O conhecimento existe e é partilhado a diferentes níveis nas organizações.

Um dos elementos mais importantes da gestão do conhecimento é a partilha de conhecimentos, que pode ser definida como "a troca de conhecimentos entre indivíduos e no seio de equipas, unidades organizacionais e organizações" (King, 2006). Como explicado por Szulanski (1996), o conhecimento organizacional depende da capacidade da empresa para institucionalizar o conhecimento individual com a intenção de o tornar disponível para outros membros da organização.

Atualmente, as organizações estão a conceber e a implementar plataformas de partilha de conhecimentos num esforço para melhorar a sua competitividade, produtividade, eficácia organizacional e serviço ao cliente. Consequentemente, as câmaras de comércio devem também criar novos conhecimentos e partilhar os seus conhecimentos para satisfazer as associações membros e manter a vantagem competitiva no ambiente empresarial. Uma empresa mantém a sua vantagem competitiva quando implementa uma estratégia de criação e partilha de conhecimentos (Brown et al., 1998). Tal como outras organizações, as Câmaras de Comércio precisam de ser uma organização de partilha de conhecimentos, o que lhes permite aumentar a eficiência das suas associações membros em termos de alcançar o sucesso organizacional ao serviço da comunidade empresarial. Consequentemente, a Câmara de Comércio deve ser uma organização que aprende, de forma a criar, partilhar e aplicar conhecimentos que permitam aos seus membros serem competitivos no ambiente empresarial.

A Câmara de Comércio e Associações Sectoriais da Etiópia (ECCSA) é uma organização do sector privado, autónoma, sem fins lucrativos, apartidária e baseada em membros. Foi criada com o objetivo de proporcionar uma plataforma para uma voz unificada do sector privado que possa desempenhar um papel de liderança na economia através da defesa de causas, da promoção do comércio e do investimento e do reforço das capacidades. Pode criar um ambiente favorável às empresas e um sector privado dinâmico, trabalhando em parceria com o governo, a comunidade empresarial, os parceiros de desenvolvimento e outras partes interessadas e a sociedade em geral. A ECCSA foi reorganizada em conformidade com a proclamação n.º 341/2003.

A Câmara de Comércio e Associações Sectoriais da Etiópia (ECCSA) tem dezoito membros, incluindo nove Câmaras de Comércio e Associações Sectoriais Regionais, duas Câmaras de Comércio e Associações Sectoriais Municipais, uma Câmara Nacional de Associações Sectoriais e seis Associações Sectoriais organizadas a nível nacional. O órgão de decisão superior da Câmara é a Assembleia Geral, que é composta pelos representantes das câmaras de comércio e associações sectoriais membros da ECCSA.

A ECCSA trabalha com membros de empresas de todas as dimensões e que representam todos os sectores. A sua missão é fazer do sistema de rede de câmaras uma parte essencial do crescimento das empresas, partilhando oportunidades de negócio, conhecimentos e experiência.

No entanto, a maior parte do conhecimento existente na organização não é partilhado com o pessoal, os membros e a comunidade empresarial em geral (ICOS Consulting, 2013). Assim, é necessário explorar a prática de partilha de conhecimentos e conceber uma plataforma de partilha de conhecimentos que promova a partilha de conhecimentos entre as associações membros do contexto da ECCSA. Como resultado, isto permite à ECCSA alcançar o sucesso organizacional e promover a partilha de conhecimentos entre as suas associações membros.

1.2 Declaração do problema

O conhecimento é um elemento essencial no atual mundo empresarial moderno. De acordo com Ipe (2003), o conhecimento está a ser visto como o recurso estratégico mais importante nas organizações e a gestão deste conhecimento é considerada crítica para o sucesso organizacional. De acordo com Sharma (2014), as rápidas mudanças devido à globalização no ambiente de negócios causadas pela alta concorrência. Neste sentido, o conhecimento tornou-se o componente chave da vantagem competitiva e o principal fator para aumentar a produtividade e melhorar o desempenho das organizações.

A gestão do conhecimento é um fator decisivo para a sobrevivência de quase todas as empresas. De acordo com Robbins (2003), a gestão do conhecimento (GC) é definida como o processo de organizar e distribuir a sabedoria colectiva da organização, de modo a que a informação certa chegue às pessoas certas no momento certo. Quando efectuada corretamente, a gestão do conhecimento proporciona a uma organização uma vantagem competitiva e um melhor desempenho organizacional. As organizações têm tentado encontrar formas de competir na era da informação e o conhecimento surgiu como a principal fonte e o ativo mais valioso neste ambiente de ritmo acelerado e em constante mudança.

O estudo sobre o Plano Estratégico Quinquenal da ECCSA realizado pela ICOS Consulting (2013) revela que a ECCSA não dispõe de sistemas que promovam a aprendizagem organizacional. Mostra também que a ECCSA não é uma organização de aprendizagem que documente adequadamente o conhecimento e as melhores práticas produzidas internamente ou obtidas em visitas de benchmarking noutros locais. Além disso, fundamentaram o seu argumento com o facto de não existir um sistema formal de partilha com outros funcionários das lições aprendidas em viagens ao estrangeiro por membros do conselho de administração ou do pessoal e de as questões debatidas nas reuniões de gestão não serem também partilhadas com o pessoal. Consequentemente, isto pode ter grandes consequências, afectando o sentimento de pertença e impedindo a partilha de uma visão comum. Daqui podemos concluir que a maior parte do conhecimento existente na organização não é partilhado com o pessoal, os membros e a comunidade empresarial em geral. Neste sentido, é muito importante explorar as práticas de partilha de conhecimentos existentes e conceber uma plataforma de partilha de conhecimentos que promova a partilha de conhecimentos entre as associações membros do contexto da ECCSA.

Há um estudo realizado na área da investigação da partilha de conhecimentos interorganizacionais nos serviços do sector da administração da cidade de Addis Abeba. Shibru (2015) estudou a investigação da partilha de conhecimentos inter-organizacionais entre os gabinetes do sector da administração da cidade de Adis Abeba. O principal objetivo do estudo era investigar a partilha de conhecimentos interorganizacionais entre o sector público na administração da cidade de Adis Abeba e propor a solução para a lacuna observada durante o estudo. No entanto, este estudo não incorporou a questão da plataforma de partilha de conhecimentos inter-organizacionais como um mecanismo eficaz de partilha de conhecimentos. Neste sentido, o desenvolvimento de uma plataforma eficaz de partilha de conhecimentos inter-organizacionais pode promover a partilha de conhecimentos entre as associações membros.

A partilha de conhecimentos é o principal processo de aproveitamento dos activos de informação entre os parceiros comerciais com o objetivo de reconhecer as oportunidades emergentes no mercado ou captar o valor comercial (Ke & Wei, 2007). A partilha de conhecimentos inter-organizacionais pode ser considerada como um meio estratégico para obter vantagens competitivas num ambiente empresarial em rápida mudança (Cao & Zhang, 2011). Neste sentido, a partilha de conhecimentos entre os parceiros comerciais permite que as entidades empresariais coordenem os activos de informação e aumentem a eficiência operacional. Boer et al. (2011) defendem que a partilha eficaz de conhecimentos tem lugar quando as entidades que partilham utilizam um modelo relacional semelhante com mecanismos de incentivo e sistemas de gestão do conhecimento adequados. Por conseguinte, a conceção de uma plataforma de partilha de conhecimentos adequada permite que as associações membros resolvam os problemas relacionados com a partilha de conhecimentos entre si.

A conceção de sistemas de partilha de conhecimentos inter-organizacionais é importante para as associações membros para permitir a partilha de oportunidades de negócio, conhecimentos e experiência. No entanto, existem desafios para facilitar a partilha de conhecimentos inter-organizacionais entre as associações membros da ECCSA. Além disso, esta partilha de conhecimentos inter-organizacionais pode promover a colaboração empresarial e proporcionar uma prestação eficaz de serviços empresariais à comunidade empresarial.

Por esta razão, este estudo centra-se na conceção de uma plataforma de partilha de conhecimentos entre organizações, no caso da ECCSA. Por conseguinte, neste estudo, o investigador pretende explorar as práticas de partilha de conhecimentos existentes entre as associações membros da ECCSA e conceber uma plataforma de partilha de conhecimentos para promover a partilha de conhecimentos entre as associações membros da ECCSA.

1.3 Questões de investigação

Este estudo procura responder às seguintes questões de investigação:

- Como é que as associações membros da ECCSA partilham conhecimentos?
- Quais são os factores que promovem a partilha de conhecimentos entre as associações membros da ECCSA?
- Como conceber um KMS que possa promover a partilha de conhecimentos?

1.4 Objetivo do estudo

1.4.1 Objetivo geral

O principal objetivo desta investigação é explorar a prática de partilha de conhecimentos existente entre as associações membros da ECCSA e conceber uma plataforma de partilha de conhecimentos para facilitar a partilha de conhecimentos inter-organizacionais para alcançar o sucesso organizacional entre as associações membros da ECCSA.

1.4.2 Objectivos específicos

Os objectivos específicos são:

- Explorar a prática de partilha de conhecimentos interorganizacionais entre as associações membros da ECCSA
- Avaliar os factores que promovem a partilha de conhecimentos entre as associações membros da ECCSA
- Conceber uma plataforma de partilha de conhecimento que promova a partilha de conhecimento inter-organizacional

1.5 Âmbito e limitações do estudo

A gestão do conhecimento é o processo de armazenamento, recolha, estruturação, partilha, controlo, criação, disseminação, codificação, utilização e exploração do conhecimento nas organizações. No entanto, o âmbito deste estudo limita-se à conceção de uma plataforma de partilha de conhecimentos entre organizações, no caso da ECCSA. Isto permite explorar as práticas de partilha de conhecimentos existentes e conceber uma plataforma de partilha de conhecimentos que promova a partilha de conhecimentos na ECCSA. Como resultado, sugere uma melhor forma de partilha de conhecimentos para alcançar o sucesso organizacional na ECCSA.

Por conseguinte, o principal objetivo deste estudo é explorar a prática de partilha de conhecimentos na ECCSA, incluindo 9 associações que estão localizadas e têm escritórios em Adis Abeba, e conceber uma plataforma de partilha de conhecimentos.

O resultado da investigação poderia ser mais significativo se incluísse todas as 18 associações membros da ECCSA. No entanto, devido a limitações de tempo e financeiras, este estudo limita-se a incorporar 9 associações localizadas em Adis Abeba.

1.6 Importância do estudo

Este estudo explora a prática de partilha de conhecimentos existente entre as associações membros da ECCSA e concebe uma plataforma de partilha de conhecimentos para promover a partilha de conhecimentos inter-organizacionais. Consequentemente, as associações membros da ECCSA podem utilizar a plataforma de partilha de conhecimentos concebida para promover a partilha de conhecimentos entre elas e resolver os desafios da partilha de conhecimentos na ECCSA. Além disso, o estudo serve de referência para os académicos que estão a trabalhar em mais investigação relacionada com a partilha de conhecimentos.

Este estudo tem contributos teóricos e práticos. Em relação à contribuição teórica, o estudo explora os factores que promovem a partilha de conhecimentos inter-organizacionais através da revisão de diferentes estudos sobre a partilha de conhecimentos inter-organizacionais. Este estudo tem também um contributo prático em termos de conceção de uma plataforma de partilha de conhecimentos para promover a partilha de conhecimentos inter-organizacionais entre as associações membros da ECCSA.

O investigador acredita que este estudo contribui muito para a prática da partilha de conhecimentos no sistema de câmaras da Etiópia, especificamente para a ECCSA. As conclusões e recomendações do estudo irão melhorar a partilha de conhecimentos para alcançar o sucesso organizacional entre as associações membros.

1.7 Organização da tese

Esta tese é composta por sete capítulos. O primeiro capítulo contém os antecedentes do estudo, o enunciado do problema, o objetivo, o âmbito e as limitações e o significado do estudo. O capítulo dois centra-se na revisão da literatura, que se concentra principalmente nos conceitos-chave de conhecimento, gestão do conhecimento, partilha de conhecimento, benefícios da partilha de conhecimento organizacional, partilha de conhecimento inter-organizacional, sistemas de partilha de conhecimento inter-organizacional e factores que promovem a partilha de conhecimento inter-organizacional. O capítulo três centra-se principalmente na metodologia de investigação, que inclui a conceção da investigação, o método de investigação do estudo de caso, a investigação da ciência da conceção e a metodologia de investigação da ciência da conceção. O capítulo quatro contém a apresentação e a análise dos dados. O capítulo cinco trata da conceção de uma plataforma de partilha de conhecimentos. Descreve principalmente o processo de desenvolvimento da agenda empresarial nacional e as suas actividades. O capítulo seis centra-se principalmente na discussão dos resultados. Finalmente, o capítulo sete contém as conclusões e recomendações.

CAPÍTULO 2

REVISÃO DA LITERATURA

2.1 Introdução

O conhecimento é considerado um dos mais importantes activos de gestão nas organizações, uma vez que permite às organizações utilizar e desenvolver recursos, aumentar a capacidade competitiva e obter uma vantagem competitiva substancial (Leung et. al., 2009). Atualmente, é também visto como o recurso estratégico mais importante nas organizações e a gestão deste conhecimento é considerada crítica para o sucesso organizacional (Ipe, 2003). As organizações devem ser capazes de compreender o conhecimento e criar, partilhar e utilizar o conhecimento de forma eficaz para desenvolver e manter uma vantagem competitiva (Watson, 2003). Por conseguinte, a utilização eficaz do conhecimento tem sido crucial para a sobrevivência e o sucesso da organização em mercados globais competitivos e tem um forte potencial para a resolução de problemas, a tomada de decisões, a melhoria do desempenho organizacional e a inovação.

A gestão do conhecimento é o processo através do qual a organização gera valores dos seus activos intelectuais com base no conhecimento (Santosus et al, 2008). A gestão do conhecimento (GC) passa também pelas fases: criação do conhecimento, captura do conhecimento, armazenamento do conhecimento, partilha do conhecimento e aplicação do conhecimento, formando assim o seu próprio ciclo de vida (Macintosh, 1995, p. 139). Por isso, as organizações devem conceber plataformas adequadas para facilitar a partilha de conhecimento.

A partilha de conhecimentos é um dos processos essenciais da gestão do conhecimento. A partilha e a alavancagem do conhecimento inter-organizacional é um meio estratégico para alcançar uma vantagem competitiva num ambiente empresarial em rápida mudança (Cao & Zhang, 2011). A partilha e a comunicação de conhecimentos dentro e fora da organização ou grupo de investigação podem ajudar no avanço do conhecimento organizacional e na melhoria da inovação (Caloghirou et al., 2004).

O sistema de gestão do conhecimento (KMS) pode ser definido como "uma integração de tecnologias e mecanismos desenvolvidos para apoiar os processos de gestão do conhecimento" (Becerra-Fernanadez et al., 2004, p. 31). Um sistema de partilha de conhecimentos inter-organizacional (IOKSS) é um tipo de SGC e é definido como um sistema que permite a disseminação contínua de conhecimentos individuais e organizacionais através de repositórios ou redes entre duas ou mais organizações (Al-Busaidi, 2013).

2.2 Visão geral dos conhecimentos

2.2.1 Definição de conhecimento

O conhecimento é definido pelos académicos de diferentes formas e de diferentes pontos de vista. De acordo com a definição de Smith & Bollinger (2001), o conhecimento é a capacidade de um indivíduo interpretar a informação de acordo com a sua própria experiência, especialização e competências. De acordo com esta definição, o conhecimento é equivalente à experiência do indivíduo, que é importante para interpretar a informação. De acordo com Nakkiran & David (2003), o conhecimento é definido como a perícia humana que se encontra na mente das pessoas e é adquirida através da experiência e da interação. Esta definição também confirma o facto de que a perícia individual pode ser adquirida através da experiência e da interação, o que lhes permite realizar tarefas de forma eficaz.

Compreender o que é o conhecimento e como o criar, partilhar e utilizar eficazmente nas organizações permite-lhes desenvolver e manter uma vantagem competitiva (Richard, 2004). Assim, as organizações precisam de conhecer a importância do conhecimento para manterem a sua competitividade. Para além disso, Davenport e Prusak (2000) definem o conhecimento como o resultado do processamento cognitivo desencadeado pelo influxo de novos estímulos. Interpretam o conhecimento como um ativo organizacional constituído por "uma mistura fluida de experiência enquadrada, valores, informações contextuais e perceção especializada que fornece uma estrutura para avaliar e incorporar novas experiências e informações".

De acordo com Fahey & Prusak (1996), os dados são números e factos, a informação são dados processados e o conhecimento é informação personalizada. A partir daqui, podemos compreender que o conhecimento se baseia na experiência. É também definido como a intersecção de informação, experiência e teoria (Miller & Morris, 1999).

Huseman & Goodman (1999) aprofundam a compreensão do conhecimento. Descrevem cinco elementos que caracterizam o conhecimento e criam o seu valor. São eles:

- **Experiência** - cria um continuum entre acontecimentos passados e a situação atual
- **Verdade** - representa o estado real das coisas e ajuda a relacionar as coisas e os acontecimentos de forma objetiva

- **Julgamento** - descreve a capacidade de apreender situações desconhecidas
- **Intuição** - é uma forte ajuda para atuar em circunstâncias e ambientes novos e em mudança
- **Valores** - que ajudam a avaliar a importância de acções, processos, informações, operações, etc., e ajudam a testá-los

Estas caraterísticas são geradas pelo ser humano. Assim, é fácil compreender porque é que o conhecimento é de tão grande valor, especialmente para as organizações. Por isso, a qualidade da utilização do conhecimento desempenha um papel central no sucesso ou fracasso da organização.

2.2.2 Tipos de conhecimento

O conceito de conhecimento tem sido tratado em dois tipos principais, o conhecimento tácito e o conhecimento explícito (Polanyi, 1967; Nonaka, 1994).

Conhecimento tácito: O conhecimento tácito é desenvolvido durante um longo período de tempo por um indivíduo através das suas experiências e know-how (Davenport & Prusak, 2000; Bartczak, 2002). De acordo com Nonaka & Takeuchi (1995), o conhecimento tácito é de natureza subjectiva devido à inclusão das percepções do indivíduo.

O conceito de conhecimento tácito é a base de qualquer organização e abrange o conhecimento não articulado e ligado aos sentidos, às capacidades de movimento, às experiências físicas, à intuição ou a regras implícitas (Nonaka & Krogh, 2009). O conhecimento tácito é um saber-fazer e uma aprendizagem enraizados nas mentes das pessoas de uma organização (Kidwell et al., 2000).

Conhecimento explícito: O conhecimento explícito pode ser codificado e, por conseguinte, registado mais facilmente devido a esta codificação (Bartczak, 2002). Nonaka & Takeuchi (1995) descrevem o conhecimento explícito como sendo de natureza objetiva.

De acordo com Choi & Lee (2003), o conhecimento explícito é um conhecimento que pode ser criado, escrito, documentado, transferido verbalmente ou através de um meio de comunicação como o correio eletrónico, o telefone ou os sistemas de informação.

2.3 Gestão do conhecimento (KM)

A gestão do conhecimento é um conceito amplo e diferentes académicos definem-no de forma diferente. De acordo com Robbins (2003), a gestão do conhecimento (GC) é definida como o processo de organizar e distribuir a sabedoria colectiva da organização, de modo a que a informação certa chegue às pessoas certas no momento certo. Quando efectuada corretamente, a gestão do conhecimento proporciona à organização uma vantagem competitiva e um melhor desempenho organizacional. Outra definição de gestão do conhecimento é que se trata de um conjunto de processos que procura alterar o atual padrão de processamento do conhecimento da organização para melhorar tanto a organização como os seus resultados (Firestone & Mark, 2005).

De acordo com Sagsan (2006), a gestão do conhecimento é o processo de armazenamento, recolha, estruturação, partilha, controlo, criação, disseminação, codificação, utilização e exploração do conhecimento nas organizações. A gestão do conhecimento é uma abordagem utilizada para desenvolver um conjunto sistemático de processos para a criação, organização e divulgação do conhecimento através da utilização de diferentes tecnologias apoiadas por uma cultura de criação e partilha de conhecimento das organizações (Omur et al. , 2009). Além disso, a definição seguinte (Carlisle, 2002) comprova o facto de a gestão do conhecimento ter um papel importante na gestão das competências individuais nas organizações.

> *"A gestão do conhecimento é mais do que a gestão de hardware e software e a resolução de problemas de facilidade de utilização. Trata-se também de utilizar da melhor forma possível a criatividade e a competência das pessoas e de gerir eficazmente os processos sociais dinâmicos que geram e exploram uma vasta gama de diferentes tipos de conhecimentos".*

2.3.1 Processo de gestão do conhecimento

De acordo com Alavi & Leidner (1999), a gestão do conhecimento é maioritariamente considerada como um processo. Serrat (2008) define cinco actividades básicas dos processos de gestão do conhecimento: identificar, criar, armazenar, partilhar e utilizar o conhecimento. Gold (2001), por seu lado, agrupou o processo de gestão do conhecimento em quatro grandes dimensões de capacidade de processo - adquirir conhecimentos, convertê-los em formas úteis, aplicá-los ou utilizá-los e protegê-los. Na prática, o processo de gestão do conhecimento tem grandes tarefas comuns, nomeadamente a criação, aquisição, codificação, partilha e aplicação do conhecimento.

Criação de conhecimento

A criação de conhecimento é considerada a tarefa mais importante na implementação da gestão do conhecimento em qualquer organização. De acordo com Paween (2006), a criação de conhecimento envolve a recolha e organização de informação bruta que é armazenada em formato tácito e explícito e será conseguida principalmente através da criação de um repositório de informação relevante e da criação de um repositório de aprendizagem que pode ser convertido em conhecimento. O conhecimento é criado através da aplicação do conhecimento tácito aos problemas enfrentados. Isto porque o conhecimento tácito existe na mente das pessoas, as ferramentas e técnicas que apoiam a criação de conhecimento são formas de gerir as pessoas e a forma como interagem (Payne & Tony, 1994).

Aquisição de conhecimentos

Conforme descrito por Alan (2011), a aquisição de conhecimento refere-se ao conhecimento que uma empresa pode tentar obter de fontes externas e internas. As fontes externas incluem fornecedores, concorrentes, parceiros, alianças, clientes e peritos externos. Por outro lado, as fontes internas incluem peritos e outros funcionários da organização (Alan, 2011). Por conseguinte, isto pode ser realizado selecionando e capturando conhecimentos relevantes para a organização.

Codificação de conhecimentos

Este processo transformará o conhecimento numa forma codificada para o tornar estruturado, explícito, transferível e fácil de compreender (Paween, 2006). A codificação do conhecimento é armazenada e recuperada através de sistemas de recuperação de informação. A ontologia permite que os conceitos do conhecimento sejam organizados em estruturas hierárquicas, normalmente relacionadas por relações. Por conseguinte, as ontologias destinam-se a fornecer uma compreensão do conhecimento estático do domínio que facilita a recuperação do conhecimento (Karadsheh et al, 2009; Alavi & Leidner, 2001).

Partilha de conhecimentos

Como Payne & Tony (1994) explicaram, a partilha de conhecimentos pode ser realizada através de algum tipo de base de conhecimentos que seja técnica ou através do intercâmbio direto de pessoas. A partilha de conhecimentos é realizada quando as melhores práticas podem ser partilhadas através de processos organizacionais e procedimentos normalizados (Payne & Tony, 1994).

Aplicação de conhecimentos

De acordo com Payne & Tony (1994), o conhecimento não tem valor a não ser que seja utilizado ou aplicado de forma consistente, no sítio certo e no momento certo. De acordo com Bhatt (2001), a aplicação do conhecimento permite que o conhecimento seja mais ativo e relevante para as organizações criarem valor. Como seria de esperar, o conhecimento é adquirido em todos os trabalhos de todas as profissões, mesmo num simples trabalho. Consequentemente, os trabalhadores são obrigados a utilizar os seus conhecimentos para tomar decisões e executar tarefas na perfeição para o sucesso da organização. Neste sentido, é importante automatizar o conhecimento para acrescentar valor à organização, aplicando-o no processo empresarial.

2.3.2 Sistemas de gestão do conhecimento (KMS)

Alavi & Leidner (2001) definiram o sistema de gestão do conhecimento (SGC) como um conjunto de sistemas de informação aplicados à gestão do conhecimento organizacional. De acordo com Lehner (2000), a definição de SGA corresponde à visão funcional combinada com a visão do SGA como um novo tipo de sistemas de aplicação que realizam partes da base de conhecimento organizacional. O termo KMS pode ser utilizado para descrever dois tipos diferentes de sistemas (Maier, 2007). O KMS como sistema de aplicação e o KMS como plataforma.

KMS como sistema de aplicação: O KMS é construído com base numa plataforma TIC já existente que fornece funcionalidades básicas, por exemplo, gestão de dados e documentos, gestão de escritórios e comunicação. Exemplos disso são uma solução de intranet ou uma plataforma de groupware (Maier, 2007).

KMS como plataforma: No KMS como plataforma, o KMS não só fornece estas funções avançadas como também integra a funcionalidade básica de uma plataforma TIC (Maier, 2007). Muitos KMS oferecidos no mercado mostram uma tendência para a primeira categoria, uma vez que a maioria das organizações já possui uma plataforma de TIC. Estes KMS fornecem então um conjunto integrado de ferramentas, funções e serviços inteligentes que utilizam as funções da plataforma TIC (Maier, 2007).

Tal como referido por Alavi & Leidner (2001), não existe uma tecnologia única que integre o sistema de gestão do conhecimento. Até certo ponto, o sistema de gestão do conhecimento é composto por diferentes conjuntos de tecnologias. Neste ponto, são analisados os diferentes tipos de sistemas de gestão do conhecimento.

Gestão de documentos e de conteúdos: A gestão de documentos indica o controlo automatizado de documentos electrónicos, tanto individuais como compostos, ao longo de todo o seu ciclo de vida dentro de uma organização, desde a criação inicial até ao arquivo final (Turban et al., 1999). Inclui a criação, o armazenamento, a organização, a transmissão, a recuperação, a manipulação, a atualização e a eventual eliminação de documentos (Sprague, 1995). Um sistema de gestão de documentos (SGD) fornece funções para armazenar e arquivar documentos, navegar e pesquisar documentos, para o controlo de versões e para controlar o acesso aos documentos (Maier, 2007). O sistema de gestão de conteúdos (SGC) suporta a organização de informações e conteúdos e a publicação na Web (Maier, 2007). Tal como os DMS no ambiente não Web, os CMS gerem todo o processo de publicação na Web, oferecem mecanismos para a publicação de novos conteúdos, suportam a geração de HTML com a ajuda de modelos, ecrãs de entrada e saída normalizados e a separação entre o conteúdo e a apresentação, o que permite um aspeto e uma sensação normalizados das páginas Web (Horn, 1999).

Gestão do fluxo de trabalho: É a contrapartida operativa e tecnológica de um processo de negócio e consiste em actividades relacionadas entre si que são desencadeadas por eventos externos e realizadas por pessoas que utilizam recursos como documentos, software de aplicação e dados (Maier, 2007). Um sistema de gestão do fluxo de trabalho (WFMS) "define, cria e gere a execução de fluxos de trabalho através da utilização de software, executado num ou mais motores de fluxo de trabalho, capaz de interpretar a definição do processo, interagir com os participantes no fluxo de trabalho e, se necessário, invocar a utilização de ferramentas e aplicações informáticas" (Maier, 2007).

Intranet: simboliza uma plataforma TIC interna da organização baseada nas tecnologias da Internet. Uma intranet é constituída por um conjunto de aplicações e bases de dados. O acesso à intranet é restrito a um grupo limitado de utilizadores (Maier, 2007).

Software de grupo: É um tipo de software de apoio a grupos e equipas de trabalho. Exemplos de aplicações de groupware são: grupos de discussão electrónicos, apoio a reuniões electrónicas, sistemas de apoio a grupos, software de conferência, sistemas de ecrãs partilhados, calendários de grupo, automatização do fluxo de trabalho, gestão de imagens ou videoconferência em ambiente de trabalho (Maier, 2007).

Data Warehousing: É uma coleção de dados orientada por temas, integrada, não volátil e variável no tempo, para apoio aos processos de decisão de gestão (Maier, 2007). Entende-se que um armazém de dados está fisicamente separado dos sistemas operacionais (sistemas de processamento de transacções, TPS). Os TPS e também as bases de dados externas à organização são as fontes de onde os dados são regularmente carregados para o armazém de dados. Os dados são organizados de acordo com a forma como os utilizadores se referem a eles (Maier, 2007).

Inteligência empresarial: A inteligência empresarial significa o processo analítico que transforma dados organizacionais e competitivos fragmentados em "conhecimento" orientado para objectivos sobre competências, posições, acções e objectivos dos actores e processos internos e externos considerados (Maier, 2007). O processo analítico requer uma base de dados integrada que é normalmente fornecida por um armazém de dados. Há uma série de tecnologias que apoiam este processo. São elas: tecnologias de sistemas de apoio à decisão (DSS), análise multidimensional (processamento analítico em linha, OLAP), prospeção de dados, prospeção de texto e tecnologias de prospeção da Web, o balanced scorecard, técnicas de simulação empresarial e também tecnologias de inteligência artificial, como o raciocínio baseado em casos ou a gestão de problemas (Maier, 2007).

Sistemas de apoio a grupos (GSS): É um sistema interativo que funde tecnologias de comunicação, informática e decisão para apoiar a formulação e solução de problemas não estruturados em reuniões de grupo. Os GSS integram tecnologias de apoio à comunicação em grupo, à estruturação dos processos através dos quais os grupos interagem, por exemplo, definição da agenda, facilitação e processamento da informação, por exemplo, agregação, avaliação ou estruturação da informação (Zigurs & Buckland, 1998).

Motores de busca: É um programa que pode ser utilizado para localizar sítios Web, documentos ou imagens, quer na Intranet de uma organização, quer na WWW. Os motores de busca aplicam programas que rastreiam permanentemente a Web ou uma Intranet em busca de novas páginas Web, os chamados spiders ou robots (Brenner et al., 1998).

Sistemas de comunicação: São sistemas electrónicos que suportam a comunicação assíncrona e síncrona entre indivíduos (sistemas de comunicação ponto-a-ponto) e colectivos (sistemas de comunicação multiponto). Exemplos de sistemas de comunicação síncrona são os sistemas de teleconferência, como a conferência de texto (chat), as mensagens instantâneas e os sistemas de conferência áudio e vídeo. Exemplos de sistemas de comunicação assíncronos são o correio eletrónico e os grupos de notícias (Maier, 2007).

Tecnologias de IA: São tecnologias que apoiam a gestão do conhecimento. A maioria destas tecnologias tem as suas raízes no domínio da inteligência artificial. Os resultados da investigação em IA desempenham um papel crucial no desenvolvimento do KMS e fornecem funções inteligentes para a gestão do conhecimento

(Maier, 2007). São exemplos de ferramentas baseadas em IA para a gestão do conhecimento:

Os sistemas de bases de dados de experiência e know-how são colecções ordenadas de soluções de aplicação, ou seja, sistemas de bases de dados especializados que armazenam, por exemplo, experiências, lições aprendidas, melhores práticas, bem como soluções técnicas (Maier, 2007).

Os sistemas de raciocínio baseado em casos (CBR) fornecem uma abordagem para resolver problemas com a ajuda de soluções conhecidas para problemas semelhantes que tem as suas raízes na investigação em IA (Maier, 2007).

Os sistemas de recomendação são sistemas alargados que apoiam a recuperação de informação e dão recomendações com base em técnicas como o teste de correspondência de contexto, a análise de frequência e as tecnologias de agentes (Maier, 2007).

Os agentes de software inteligentes são unidades autónomas de software que executam acções para um utilizador (Maier, 2007). Os agentes de software inteligentes utilizam a sua inteligência para executar partes das suas tarefas de forma autónoma e para interagir com o seu ambiente de uma forma útil (Brenner et al. 1998)

Os sistemas de informação baseados em questões são sistemas de visualização da argumentação que constroem redes estruturadas de argumentos que consistem, por exemplo, em perguntas, opiniões, argumentos a favor e contra ou exemplos registados em processos de decisão de grupo (Maier, 2007).

2.4 Partilha de conhecimentos

A partilha de conhecimentos é o processo de tornar o conhecimento acessível a outros dentro da organização (Abzari & Teimouri, 2008). Tal como descrito por Lichtenstein e Hunter (2006), a partilha de conhecimentos é um "processo complexo que envolve a contribuição de conhecimentos por parte da organização ou dos seus colaboradores, e a recolha, assimilação e aplicação de conhecimentos por parte da organização ou dos seus colaboradores". A partilha de conhecimentos é um dos processos mais importantes na gestão do conhecimento (Alavi & Leidner, 2001). A ênfase na importância da partilha de conhecimentos está a aumentar em termos de desempenho organizacional e eficácia nas organizações (Kim & Lee, 2005).

2.4.1 Benefícios da partilha de conhecimentos organizacionais

A partilha de conhecimentos traz benefícios para todos, até certo ponto, do que permitir que o conhecimento beneficie o próprio indivíduo (Davenport & Prusak, 2000). A partilha de conhecimentos dentro de uma organização pode aumentar o valor do conhecimento. Estes benefícios incluem a melhoria dos tempos de resposta aos clientes, a redução da repetição do desenvolvimento, a poupança de custos através de aperfeiçoamentos dos processos, o aumento da retenção do pessoal, a redução da carga de trabalho, a melhoria das inovações e o desenvolvimento de novas competências (Pan, 1998; Alavi & Leidner ,1999 ; Dixon, 2000).

O conhecimento criado no processo de execução das tarefas quotidianas de uma forma nova ou inovadora pode ser muito compensador (Dixon, 2000). Na nossa atividade profissional quotidiana, podemos realizar tarefas semelhantes às que outros realizam. Este facto pode evitar a repetição no desenvolvimento de soluções e pode levar a uma redução na quantidade de trabalho realizado, poupando tempo e custos nas operações diárias (Dixon, 2000). Nas organizações, a promoção da partilha de conhecimentos pode contribuir para melhorar o desempenho dos trabalhadores, o que traz benefícios para o local de trabalho em termos de níveis de produtividade e qualidade do trabalho.

Um sistema de troca de conhecimentos utilizado para registar soluções para os problemas dos clientes permite que os funcionários tenham conhecimento das inovações desenvolvidas noutras áreas da organização (Pan, 1998). A troca de conhecimentos nas organizações pode melhorar a aprendizagem organizacional que, por sua vez, pode melhorar os processos ou serviços, como a redução dos tempos de resposta aos clientes. Além disso, este sistema dá aos empregados uma ferramenta de pesquisa rápida para propor soluções para os problemas levantados pelos clientes. A comunicação e a partilha de conhecimentos com organizações externas ou grupos de investigação podem ajudar no desenvolvimento de bases de conhecimentos organizacionais e melhorar a inovação (Caloghirou et al. 2004). Para além disso, a colaboração externa com outras organizações pode trazer diferentes competências, conhecimentos e capacidades que, de outra forma, podem ser escassos ou indisponíveis (Caloghirou et al. 2004). Consequentemente, a comunicação com outras organizações permite-nos melhorar e ter uma melhor compreensão do mundo competitivo.

2.4.2 Modelo de partilha de conhecimentos

Nonaka (1994) desenvolveu o modelo SECI que inclui quatro formas de conversão do conhecimento. São elas: socialização, externalização, codificação e internalização. Este modelo foi originalmente desenvolvido para a criação de conhecimento e é também utilizado para estudar os processos de partilha de conhecimento (Alony et al, 2007).

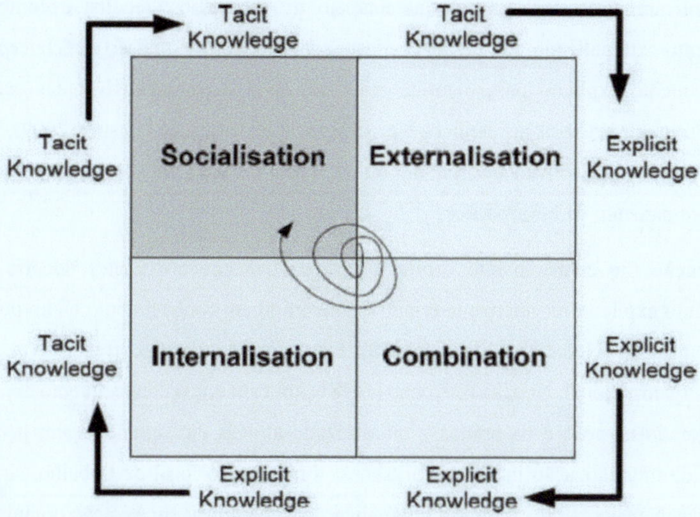

Figura 2.1 Modelos de partilha de conhecimentos (Nonaka, 1994)

Socialização (de conhecimento tácito para conhecimento tácito): Ocorre quando o conhecimento tácito é formado através da experiência partilhada entre indivíduos (Nonaka & Konno, 1998). Esta conversão pode ocorrer através de actividades conjuntas, como a interação cara a cara (Posner, 2009) e o trabalho no mesmo ambiente. A "gestão por deslocação" é um exemplo de transferência de conhecimentos não verbais baseada na observação conjunta (Nonaka & Konno, 1998).

Externalização (do conhecimento tácito para o conhecimento explícito): Ocorre quando o conhecimento tácito de um indivíduo é traduzido em formas compreensíveis que podem ser entendidas e expressas por outros. O conhecimento é transferido com sucesso quando o conhecimento tácito se torna explícito, muitas vezes através de mecanismos de troca como o diálogo bidirecional, a escuta ativa e a descrição visual de ideias e conceitos (Nonaka & Konno, 1998). De acordo com Posner (2009), a lacuna na transferência de conhecimentos é mais óbvia quando o conhecimento tácito é convertido em conhecimento explícito (Externalização).

Combinação (de conhecimento explícito para conhecimento explícito): Ocorre quando indivíduos ou grupos trocam e combinam os seus diferentes corpos de conhecimento explícito através de interações sociais, amplificando assim o conhecimento explícito. Nonaka & Konno

(1998) explicam que esta conversão assenta em três processos: recolha e combinação de conhecimento externalizado; disseminação deste conhecimento; e revisão e reconceptualização do conhecimento explícito para o tornar mais utilizável e compreensível. Os exemplos de combinação incluem fóruns académicos e processos de investigação (Posner, 2009), bem como reuniões presenciais e conversas em áudio ou na Web. Nonaka (1994) relaciona a combinação com o processamento de informações.

Internalização (do conhecimento explícito para o conhecimento tácito): Ocorre quando o conhecimento explícito recentemente criado é convertido em conhecimento tácito do indivíduo ou da organização (Nonaka & Konno, 1998). Este processo pode ocorrer a nível individual, grupal ou organizacional. Nonaka & Konno (1998) explicam que o conhecimento explícito pode ser incorporado na ação e na prática e interiorizado através da "aprendizagem pela prática". Exemplos de internalização incluem workshops, formação no local de trabalho, simulações e experiências. Nonaka (1994) associa a internalização à aprendizagem e à ação organizacionais.

2.4.3 Métodos de partilha de conhecimentos

A literatura identificou uma série de métodos que podem ser utilizados para partilhar conhecimentos nas organizações. De acordo com Hansen et al. (1999), existem duas estratégias diferentes de gestão do conhecimento. São elas a personalização e a codificação. A personalização pode ser utilizada para distribuir o conhecimento tácito de modo a criar soluções únicas para questões estratégicas que carecem de um padrão adequado. Isto pode ser feito facilitando a comunicação entre indivíduos que são direcionados por questões relacionadas com o tipo de solução necessária e que estão conscientes disso. Isto pode levar a um aumento da frequência e a uma melhoria da qualidade da comunicação e, pelo seu carácter pessoal, requer apenas um investimento mínimo (Hansen et al., 1999).

Codificação do conhecimento obtida através da resolução de problemas quotidianos, organização e rotulagem. Assegura a reutilização uniforme e variada do conhecimento explícito na tomada de decisões, o que pode justificar o investimento exaustivo que a estratégia exige. Consequentemente, as organizações que aplicam esta estratégia devem incentivar o pessoal a utilizar e a contribuir para os repositórios de conhecimento.

2.5 Partilha de conhecimentos inter-organizacionais

A partilha de conhecimentos inter-organizacionais pode ser considerada como um meio estratégico para obter vantagens competitivas num ambiente empresarial em rápida mutação (Cao & Zhang, 2011). A partilha de conhecimentos é o processo central para alavancar os activos de informação entre os parceiros de negócio com o objetivo de reconhecer as oportunidades emergentes no mercado ou capturar o valor do negócio (Ke & Wei, 2007). De acordo com este conceito, a partilha de conhecimentos permite aos parceiros comerciais identificar as suas vantagens emergentes no mercado. Além disso, a partilha de conhecimentos entre os parceiros comerciais permite que as entidades comerciais coordenem os activos de informação e aumentem a eficiência operacional.

A literatura tem estudado a partilha de conhecimentos inter-organizacionais sob vários aspectos. Boer et al. (2011) identificam a partilha comunitária, a classificação de autoridade, a correspondência de igualdade e a correspondência de mercado como quatro aspectos relacionais da partilha de conhecimentos. Além disso, Boer et al. (2011) defendem que a partilha eficaz de conhecimentos tem lugar quando as entidades que partilham utilizam um modelo relacional semelhante com mecanismos de incentivo e sistemas de gestão do conhecimento adequados.

2.5.1 Sistemas de partilha de conhecimentos inter-organizacionais (IOKSS)

Um IOKSS é um tipo de sistema inter-organizacional (IOS) (Al-Busaidi, 2013). O conceito de IOS foi criado inicialmente por Cash & Konsynski (1985) e definido como um sistema de informação automatizado partilhado por duas ou mais organizações e concebido para ligar processos empresariais (Cash & Konsynski, 1985; Robey, et al., 2008). Um IOS pode resultar em vários benefícios operacionais, estratégicos e sociais para as organizações participantes, o governo e a sociedade (Barrett & Konsynski, 1982; Robey et al., 2008).

Há uma necessidade contínua de as nações em desenvolvimento tirarem partido das novas tecnologias para adquirir e divulgar conhecimentos. A integração da informação inter-organizacional é crucial para o governo digital (Al-Busaidi, 2013). As parcerias entre organizações públicas e privadas em sectores específicos, especialmente nos sectores de serviços ou baseados no conhecimento, são vitais para o desenvolvimento social e económico de qualquer país e para o bem-estar da sociedade (Al-Busaidi, 2013).

2 .6 Factores que promovem a partilha de conhecimentos inter-organizacionais

Muitos investigadores identificam factores que promovem a partilha de conhecimentos inter-organizacionais. Zhang et al. (2006) examina a dinâmica de um esforço de partilha de conhecimentos no governo do Estado de Nova Iorque que envolveu várias organizações, divisões e gabinetes geograficamente separados no desenvolvimento do Acesso Multiusos para Relações com Clientes e Sistema de Apoio Operacional (MACROS). O estudo abordou a forma como múltiplos factores organizacionais e tecnológicos: liderança distribuída, alinhamento de questões e incentivos, coordenação de um número e variedade de grupos, confiança, tecnologia e estratégia de implementação interagem com a natureza do conhecimento para influenciar o processo de partilha de conhecimentos.

Como explicam Zhang et al. (2006), os líderes eficazes são capazes de promover a partilha de conhecimentos através da sua capacidade de moldar as estruturas e os processos organizacionais, mobilizar os recursos, legitimar as mudanças e cultivar normas e valores a favor da partilha. Os autores referem questões e incentivos como as motivações e preocupações que os indivíduos e as organizações têm sobre a partilha de conhecimentos num determinado contexto. Além disso, fundamentam a ideia de incentivo de uma forma que o problema do incentivo é fundamental para o sucesso da partilha de conhecimentos, porque os seres humanos não estarão provavelmente dispostos a partilhar os conhecimentos e competências relevantes com outros, a menos que obtenham benefícios da organização.

O número e a variedade de grupos influenciam grandemente a eficácia da partilha de conhecimentos (Zhang et al., 2006). A dimensão crescente e a heterogeneidade dos indivíduos que partilham os seus conhecimentos poderiam ter complicado os processos de comunicação. Além disso, poderia também ter complicado a criação de consensos e a partilha de recursos e criado problemas, a menos que a coordenação fosse forte. A estratégia de implementação é também uma consideração importante no desenvolvimento moderno de sistemas de informação (DSI), que desempenha um papel importante no apoio aos processos de gestão dos conhecimentos. Por último, em relação à natureza do conhecimento, explicam por que razão a natureza do conhecimento é um fator importante a considerar na compreensão da eficácia da partilha de conhecimentos, com base na literatura sobre gestão do conhecimento e aprendizagem organizacional.

Chen et al. (2014) investigam os factores de partilha de conhecimentos inter-organizacionais. Os autores adoptam a perspetiva da troca social e exploram os factores relacionais que conduzem à partilha de conhecimentos inter-organizacionais no contexto da cadeia de abastecimento. Neste estudo, consideram que a partilha de conhecimentos é um padrão de interação inter-organizacional e o resultado de relações sociais, esta investigação propôs a integração relacional e o valor partilhado como principais antecedentes da confiança inter-organizacional e, consequentemente, levando à partilha de conhecimentos inter-organizacionais. Além disso, a investigação identifica e examina empiricamente dois aspectos relevantes no desenvolvimento da confiança e destaca o impacto da confiança na promoção da partilha de conhecimentos ao longo da cadeia de abastecimento.

De acordo com Chen et al. (2014), os resultados da investigação sugerem que os valores partilhados e a integração relacional desempenham um papel significativo na confiança inter-organizacional. Esta conclusão sublinha a importância estratégica dos factores sociais e culturais na interação inter-organizacional. Além disso, a confiança inter-organizacional é a base para a troca de dados e a partilha de conhecimentos entre organizações. As organizações que procuram captar a oportunidade de negócio através da partilha de conhecimentos e da troca de dados inter-organizacionais devem fazer um esforço para desenvolver a relação comercial e a confiança mútua.

Seyyedeh (2010) classificou os factores em diferentes tipos. Em relação aos factores contextuais, o contexto refere-se à situação e à atmosfera em que a partilha de conhecimentos tem lugar. Os factores contextuais são as propriedades da relação que incluem factores como a confiança, a proximidade, a incerteza, a cultura e os valores partilhados (Nieminen, 2005; Wijk et al.,2008; Easterby Smith et al., 2008; Albino et al., 1998). As caraterísticas e o contexto de cada fator contextual influenciam a partilha de conhecimentos interorganizacionais.

Existem conjuntos de factores que estão relacionados com as caraterísticas das organizações que partilham conhecimentos ou adquirem conhecimentos de outras organizações. A dificuldade da partilha de conhecimentos aumenta no que diz respeito à partilha de conhecimentos inter-organizacional, devido ao facto de diferentes organizações possuírem diferentes procedimentos operacionais, mecanismos de controlo e fluxos de trabalho. Por conseguinte, uma política forte e sólida ajudará a reduzir a resistência, caso esta exista (Lazer & Binz-Scharf, 2004).

2.7 Desenvolvimento do sistema de gestão do conhecimento

Tal como Moteleb & Woodman (2009) observaram e resumiram uma metodologia de investigação relacionada com a prática que surgiu num inquérito de investigação de 8 anos sobre a forma como as organizações podem desenvolver eficazmente os seus sistemas de gestão do conhecimento (SGC).

Tal como Moteleb & Woodman (2009) referiram, uma abordagem de desenvolvimento participativo do SGC (SGC) deve ser levada a cabo por uma equipa de uma organização, normalmente auxiliada por consultores externos imparciais. O KMS resultante pertence à organização que o concebeu e originou. É realizado em fases sobrepostas ou num estilo iterativo, possivelmente ágil. De seguida, são analisadas as diferentes fases.

Fase 1: Sensibilização

A situação problemática consiste em dar sentido à situação atual e problemática da organização. Isto porque todas as partes precisam de partilhar objectivos e metas para o trabalho que não são mencionados nos critérios de avaliação. Esta fase precede normalmente o lançamento de um projeto formal de KMSD e apresenta a sua justificação e objectivos.

Fase 2: Perspetiva de uma situação melhorada

Trata-se da visualização colectiva de uma situação melhorada desejada que aborda claramente os problemas empresariais (desafios e/ou oportunidades) que resultaram das conversas iniciais no sense-making. O foco aqui ainda está no negócio, mas na perspetiva positiva de construir algo novo, em vez da perspetiva negativa de diagnosticar problemas. Aqui, a equipa envolve-se em conversas, por exemplo, em workshops, para prever situações melhoradas e o que isso significa em termos de alteração dos processos empresariais e do comportamento de trabalho. O resultado é uma visão explícita e continuamente emergente das situações melhoradas a que uma organização aspira. É continuamente emergente porque muda constantemente à medida que outras fases entram em ação e as ideias sobre o futuro são aperfeiçoadas.

Fase 3: Conceção de um KMS

É aqui que a equipa propõe como a situação melhorada prevista pode ser representada num KMS por agentes de conhecimento, fluxos de conhecimento e interfaces de conhecimento. Os agentes do conhecimento são essencialmente "entidades activas" capazes de deter e interagir com o conhecimento. Incluem pessoas, documentos, elementos de negócio, etc. Os fluxos de conhecimento representam o conhecimento que é transferido entre as entidades activas, os agentes e as interfaces de conhecimento são os pontos de interação. O conceito de interfaces de conhecimento inclui o meio para potenciais fluxos de conhecimento e as regras (protocolos) que os condicionam.

Fase 4: Exploração das opções informáticas para o KMS

É aqui que a equipa considera as tecnologias potenciais para apoiar parcialmente a conceção do

SGA que foi expressa em termos de agentes de conhecimento, fluxos e interfaces. As potenciais implementações técnicas são consideradas de acordo com o grau em que são susceptíveis de integrar aspectos organizacionais, sociais e tecnológicos do KMS e de acordo com o custo, complexidade, disponibilidade, etc. As principais actividades consistem em envolver as partes interessadas na exploração de tecnologias adequadas para apoiar a representação de agentes do conhecimento, fluxos e interfaces e decidir sobre uma estratégia tecnológica de compra, construção ou integração de componentes e aplicações de TI para apoiar o KMS.

Fase 5: Gerir o potencial evolutivo do KMS

O seu objetivo é assegurar que o KMS evolui de acordo com as necessidades organizacionais em mudança e com o ambiente em mudança da organização. O seu objetivo não é "técnico", na medida em que não tem apenas a ver com o KMS. Tem uma função de monitorização e manutenção, mas o seu objetivo é também detetar as mudanças que se aproximam nos 'sinais' e 'tendências' aparentes e voltar a percorrer as fases anteriores de criação de sentido para detetar as mudanças aparentes, prever novos comportamentos de trabalho, etc.

2.7.1 Modelação do conhecimento

Os modelos são utilizados para captar as caraterísticas cruciais dos sistemas reais, dividindo-os em partes mais manejáveis que são fáceis de compreender e manipular (Abdullah et al. , 2002). Os modelos estão muito associados ao domínio que representam (Savolainen et al., 1995). Esse domínio definirá as suas comunidades de prática, as linguagens de modelação e as ferramentas associadas utilizadas. "Um modelo é uma simplificação da realidade" (Booch et al., 1999). O processo de modelação cria modelos conceptuais de actividades intensivas em conhecimento (Schreiber et al., 1999).

A importância da modelação do conhecimento na gestão do conhecimento foi discutida por (Wielinga et al. , 1997). Defendem que os modelos são vitais para compreender os mecanismos de funcionamento de um sistema baseado no conhecimento, tais como: as tarefas, os métodos, a forma como o conhecimento é inferido, o conhecimento do domínio e os seus esquemas. A modelação concetual é fundamental para a engenharia do conhecimento (Schreiber et al. 1999). A modelação facilita a compreensão da fonte de conhecimento, dos inputs e outputs, do fluxo de conhecimento e da identificação de outras variáveis, como o impacto que a ação da gestão tem no conhecimento organizacional (Davenport & Prusak 2000).

No processo de construção de sistemas de gestão do conhecimento, a modelação tornou-se um aspeto essencial (Abdullah et al. , 2002). Ao utilizar a abordagem de modelação, o desenvolvimento de sistemas pode ser mais rápido e mais eficiente através da reutilização de modelos existentes para diferentes áreas do mesmo domínio (Abdullah et al. , 2002). Por conseguinte, a compreensão e a seleção da técnica de modelização adequada aos diferentes domínios do conhecimento garantirão o êxito do sistema de gestão do conhecimento que está a ser concebido.

2.7.2 Ontologia para sistemas de gestão do conhecimento

Os sistemas de gestão do conhecimento (SGC) contêm conhecimentos explícitos e tácitos. O conhecimento explícito, mais familiar e fácil de escrever, inclui dados armazenados em documentos. Os KMS podem também armazenar conhecimento tácito, que é mais difícil de exprimir e inclui as experiências, o know-how e os conhecimentos especializados das pessoas. Como afirmam Takeuchi & Nonaka (1995), "o tipo de conhecimento mais importante é o conhecimento tácito". O conhecimento tácito é mais difícil de gerir do que o conhecimento explícito. Para resolver estas questões, um KMS pode utilizar diferentes tecnologias (Ribino et al., 2009), como as baseadas em documentos, em ontologias/taxonomias e em IA.

Baseado em documentos: tecnologias para a criação, administração e partilha de diferentes documentos (tais como doc, pdf, html, etc.), gerindo o conhecimento explícito de uma organização.

Baseado na IA: utilizando motores de inferência específicos para resolver problemas específicos do domínio, o quadro baseado nestas tecnologias manipula geralmente o conhecimento tácito (por exemplo, sistema de base de conhecimentos).

Baseadas em ontologias/taxonomias: tecnologias que utilizam ontologias e classificação para a representação de conhecimentos. Os conceitos de conhecimento são frequentemente organizados em estruturas hierárquicas, tipicamente relacionadas por relações. Estas metodologias actuam tanto sobre o conhecimento explícito como sobre o conhecimento tácito.

As ontologias destinam-se a fornecer uma compreensão do conhecimento estático do domínio que facilita a recuperação, o armazenamento, a partilha e a divulgação do conhecimento. Para os KMS, a ontologia pode ser considerada como a classificação do conhecimento (Guarino, 1997). De acordo com esta definição, a ontologia define um vocabulário partilhado para facilitar a comunicação, o armazenamento, a pesquisa e a partilha de conhecimentos nos sistemas de gestão do conhecimento. As ontologias têm demonstrado ser a resposta certa para a estruturação e modelação do conhecimento, fornecendo uma concetualização formal de um domínio específico que é partilhado por um grupo de pessoas numa organização (O'Leary, 1998; Gruber, 1993).

2.8 Trabalhos relacionados

Existem diferentes tipos de estudos realizados na área da partilha de conhecimentos interorganizacionais. Neste estudo, o investigador concentra-se nos estudos mais relevantes para abordar o objetivo do estudo. Por conseguinte, nesta secção, são revistos os estudos relacionados com a partilha de conhecimentos interorganizacionais.

2.8.1 Investigação da partilha de conhecimentos inter-organizacionais

Shibru (2015) investigou a partilha de conhecimentos interorganizacionais entre bureas do sector em Adis Abeba. O principal objetivo do estudo era investigar a partilha de conhecimentos interorganizacionais entre o sector público na administração da cidade de Adis Abeba e propor a solução para a lacuna observada durante o estudo. Para o efeito, o estudo utilizou o método de investigação de estudo de caso exploratório que permite investigar os factores que influenciam a IOKS. O estudo utilizou dados recolhidos através de métodos quantitativos e qualitativos, recorrendo a entrevistas, questionários, observação e análise de documentos.

De acordo com os resultados do estudo, as caraterísticas organizacionais, contextuais, individuais, da natureza do conhecimento e da tarefa têm influências diretas nas actividades de partilha de conhecimentos inter-organizacionais. Além disso, os factores organizacionais e os factores contextuais são os principais factores de influência. Por fim, o investigador recomenda a existência de lacunas na partilha de conhecimentos inter-organizacionais para a administração da cidade e também identifica futuras direcções de investigação para outros investigadores e para o município.

2.8.2 Um quadro de trabalho para a partilha de conhecimentos inter-organizacionais: Influências da gestão

Esta investigação foi realizada por Rosemary Van Der Meer em 2012. O principal objetivo do estudo era examinar as colaborações de partilha de conhecimentos interorganizacionais. Esta investigação utilizou uma metodologia mista. A investigadora deste estudo descreveu que a partilha de conhecimentos inter-organizacionais flui tanto horizontal como verticalmente através de diferentes níveis de interação entre os participantes. Isto pode confirmar que a partilha de conhecimentos inter-organizacionais ao nível superior envolve a participação total do grupo. A interação ao mais alto nível proporciona oportunidades de reunir todos os membros para partilharem conhecimentos de peritos externos (Sanders, 2001), abordar e resolver questões mútuas de forma colaborativa (Manring & Moore, 2006) e oferece uma oportunidade de interação cara a cara que pode criar confiança entre os membros e o desenvolvimento de redes para a partilha individual de conhecimentos (Manring et al, 2003).

De acordo com este estudo, a maioria dos níveis superiores pode não ter um forte enfoque operacional, mas actua como um meio de organizar e desenvolver um grupo de trabalho para lidar com questões específicas que ocorram (Manring et al., 2003). Além disso, este estudo identificou que existem diferentes dimensões da prática de partilha de conhecimentos inter-organizacionais entre as organizações. Inclui: relações mútuas, reuniões regulares, obtenção de conselhos de amigos ou colegas de outras organizações, prática da organização, sentido de união, criatividade, sentimento positivo sobre a partilha de conhecimentos, intenção de partilha de conhecimentos e comportamento de partilha de conhecimentos.

2.8.3 Análise das Necessidades de Partilha de Conhecimento Inter-Organizacional entre Micro, Pequenas e Médias Empresas com Mercado Tradicional

Esta investigação foi realizada por Sari, Suyadi & Kumadji em 2013. Este estudo analisa a partilha de conhecimentos inter-organizacionais nas MPME na Indonésia, utilizando sete variáveis, nomeadamente a importância da partilha de conhecimentos externos, a perceção da importância da área do conhecimento, a área em que a insuficiência de conhecimentos contribui para erros ou enganos dispendiosos, as actividades de partilha de conhecimentos, a rede social, os constrangimentos da partilha de conhecimentos inter-organizacionais e a eficácia na alavancagem da partilha de conhecimentos.

De acordo com o estudo, as organizações necessitam de canais para facilitar o seu intercâmbio de conhecimentos nas actividades de partilha de conhecimentos inter-organizacionais. Assim, é necessário analisar a situação atual e a eficácia da utilização das redes sociais e electrónicas pelas MPME para facilitar o intercâmbio de conhecimentos entre organizações. O estudo identifica as necessidades das MPME em termos de partilha de conhecimentos inter-organizacionais de uma outra perspetiva e demonstra também as suas práticas actuais nesta área. Por conseguinte, a aquisição de conhecimentos externos nas MPME é uma questão importante e crucial para o envolvimento em algumas actividades organizacionais externas.

2.8.4 Perspetiva teórica sobre a partilha eficaz de conhecimentos inter-organizacionais

Esta investigação foi realizada por Lertpittayagoom, Paul & Mykytyn em 2007. O principal objetivo do estudo era compreender o processo que conduz à partilha eficaz de conhecimentos inter-organizacionais. O processo inclui a partilha de conhecimentos a vários níveis: individual, de grupo e organizacional. Este estudo concluiu que existe uma partilha de conhecimentos e aprendizagem a cada nível e entre o indivíduo, a equipa, as organizações e a inter-organização. O conhecimento foi primeiro adquirido pelo nível individual sob a forma de experiência que é transferida para as equipas e outras organizações. Primeiro, o indivíduo adquire conhecimentos através da experiência ou da prática. Depois, o conhecimento individual é partilhado com os membros da equipa. A seguir, os membros da equipa discutiram o conhecimento transferido para a organização e, finalmente, para o nível inter-organizacional.

De acordo com este estudo, a partilha de conhecimentos inter-organizacionais pode ser observada a partir do conhecimento que flui de um nível para outro, começando pelo indivíduo, para o grupo, para a organização e, finalmente, através das organizações. O estudo identifica que a confiança entre as organizações facilita a partilha de conhecimentos inter-organizacionais. Além disso, este estudo identificou a aquisição de conhecimentos por entidade; o conhecimento também provém da interação entre entidades.

2.8.5 Explorar os factores da partilha de conhecimentos inter-organizacionais

Esta investigação foi realizada por Chen, Wu, Chien & Shiah em 2014. O principal objetivo do estudo foi investigar os factores de partilha de conhecimentos inter-organizacionais. Os autores adoptam a perspetiva da troca social e exploram os factores relacionais que conduzem à partilha de conhecimentos inter-organizacionais no contexto da cadeia de abastecimento. Neste estudo, consideram que a partilha de conhecimentos é um padrão de interação inter-organizacional e o resultado de relações sociais, esta investigação propôs a integração relacional e o valor partilhado como principais antecedentes da confiança inter-organizacional e, consequentemente, conduzindo à partilha de conhecimentos inter-organizacionais. Além disso, a investigação identifica e examina empiricamente dois aspectos relevantes no desenvolvimento da confiança e destaca o impacto da confiança na promoção da partilha de conhecimentos ao longo da cadeia de abastecimento.

De acordo com Chen et al. (2014), os resultados da investigação sugerem que os valores partilhados e a integração relacional desempenham um papel significativo na confiança inter-organizacional. Esta conclusão sublinha a importância estratégica dos factores sociais e culturais na interação inter-organizacional. Além disso, a confiança inter-organizacional é a base para a troca de dados e a partilha de conhecimentos entre organizações. As organizações que procuram captar a oportunidade de negócio através da partilha de conhecimentos e da troca de dados inter-organizacionais devem fazer um esforço para desenvolver a relação comercial e a confiança mútua.

2.8.6 Um quadro de factores críticos para a adoção de sistemas de partilha de conhecimentos inter-organizacionais pelos trabalhadores do conhecimento

Esta investigação foi realizada por Kamla Ali Al-Busaidi em 2013. O objetivo deste estudo foi delinear os factores críticos para a adoção, por parte dos trabalhadores do conhecimento, de sistemas de partilha de conhecimentos inter-organizacionais (IOKSS) de "interesse público". Este estudo propôs que os antecedentes da adoção pelos trabalhadores do conhecimento de IOKSS de "bem público" num sector específico estão relacionados com factores pessoais, factores dos pares, factores da organização, factores do sistema e factores do sector.

O autor propôs um quadro detalhado que pode ser utilizado por investigadores e profissionais para examinar a atitude e a adoção de IOKSS por parte dos trabalhadores do conhecimento e garantir o êxito da implementação de IOKSS. Para além disso, este estudo apenas propôs um modelo teórico. Assim, são também necessárias investigações empíricas para verificar os efeitos destes factores. Além disso, a investigação futura deve desenvolver ou adotar medidas fiáveis e válidas para que os investigadores e os profissionais possam avaliar o modelo proposto. Futuros estudos qualitativos, como a análise de casos, entrevistas, etc., poderão revelar algumas ideias adicionais sobre estes factores. No entanto, são necessários mais estudos quantitativos rigorosos para validar o modelo e generalizá-lo.

2.9 Lacuna de investigação

Shibru (2015) estudou a partilha de conhecimentos inter-organizacionais entre os departamentos sectoriais da administração da cidade de Adis Abeba. O principal objetivo do estudo era investigar a partilha de conhecimentos interorganizacionais entre o sector público na administração da cidade de Adis Abeba e propor a solução para a lacuna observada durante o estudo. No entanto, este estudo não incorporou a questão da plataforma de partilha de conhecimentos inter-organizacionais como um mecanismo eficaz de partilha de conhecimentos.

Este estudo tem contributos teóricos e práticos. A contribuição teórica é que o estudo explora os factores que promovem a partilha de conhecimentos inter-organizacionais através da revisão de diferentes estudos sobre a partilha de conhecimentos inter-organizacionais. Este estudo tem também um contributo prático em termos de conceção de uma plataforma de partilha de conhecimentos para promover a partilha de conhecimentos inter-organizacionais entre as associações membros da ECCSA.

CAPÍTULO 3

METODOLOGIA

3.1 Introdução

Fazer investigação pode ser simples e digno de confiança, se e só se for seguida uma metodologia adequada e válida. A metodologia de investigação é um dos aspectos mais importantes do processo de investigação para a sua realização (Yin, 2009). Nesta parte, são apresentadas questões de metodologia de investigação que incluem a conceção da investigação, o método de investigação de estudo de caso, a investigação em ciências da conceção e a metodologia de investigação em ciências da conceção.

3.2 Conceção da investigação

Esta investigação utilizou métodos de investigação qualitativos de estudo de caso e de design science. O método de investigação de estudo de caso é utilizado para explorar as práticas de partilha de conhecimentos existentes entre as associações membros da ECCSA, ao passo que o método de investigação da ciência da conceção é utilizado para conceber uma plataforma de partilha de conhecimentos que promova a partilha de conhecimentos (March & Smith, 1995, Hevner et al., 2004).

3.3 Método de investigação de estudo de caso

O método de investigação de estudo de caso é selecionado para esta investigação de forma a abordar um estudo intensivo de um sistema com o objetivo de generalizar para um conjunto maior (Creswell, 2007; Gerring, 2004). De acordo com Yin (2009), a investigação de estudo de caso é mais adequada quando a questão de investigação é "como" e "porquê". No contexto deste estudo de investigação, a questão central da investigação é avaliar "como é que as associações membros da ECCSA partilham conhecimentos?". Neste sentido, a utilização de uma abordagem de estudo de caso é adequada para a realização da investigação.

Este estudo explora a prática de partilha de conhecimentos existente entre as associações membros e concebe uma plataforma de partilha de conhecimentos no contexto da ECCSA. Por conseguinte, este estudo seleciona a Câmara de Comércio e Associações Sectoriais da Etiópia (ECCSA) como caso de investigação. A ECCSA é a única instituição nacional do sector privado criada por decreto governamental para representar o sector privado do país. Tem 18 membros.

3.3.1 Área de estudo

Este estudo foi realizado em associações membros da Câmara de Comércio e Associações Sectoriais da Etiópia (ECCSA). A ECCSA é a única instituição nacional do sector privado criada por decreto governamental para representar o sector privado do país.

3.3.2 População-alvo

A ECCSA tem dezoito membros, incluindo nove Câmaras de Comércio e Associações Sectoriais Regionais, duas Câmaras de Comércio e Associações Sectoriais Municipais, uma Câmara Nacional de Associações Sectoriais e seis Associações Sectoriais organizadas a nível nacional. Assim, as associações membros que têm escritórios em Adis Abeba foram consideradas como população-alvo da investigação.

3.3.3 Método de amostragem

No que respeita ao método de amostragem para a entrevista, o estudo aplica a técnica de amostragem intencional. A lógica subjacente à escolha da técnica de amostragem intencional para a entrevista é que permite à investigação selecionar um caso com base em caraterísticas ou processos que demonstram questões de interesse na investigação e onde essas caraterísticas são susceptíveis de estar presentes (Silverman, 2005; Denzin & Lincoln, 2000).

Quadro 3.1 Organizações participantes na entrevista

No	Organization	Position of Interviewee	Qty
1	Ethiopian Chamber of Commerce and Sectoral Associations	Directorate and Senior Expert	2
2	Oromia Region Chamber of Commerce and Sectoral Associations	Secretary General and Senior Expert	1
3	Addis Ababa Chamber of Commerce and Sectoral Associations	Directorate and Senior Expert	2
4	Ethiopian Sugar and Sweet producers Associations	Secretary General and Expert	1
5	Ethiopian Leather Industries Association	Secretary General and Expert	1

6	Ethiopian Textile and Garment Manufacturers Association	Secretary General and Expert	1
7	Ethiopian Meat Exporters Associations	Secretary General and Expert	1
8	Ethiopian Horticulture Producer Exporters Association	Secretary General and Expert	1
9	Ethiopian Pulses, Oilseeds, and Spices Processors Exporters Associations	Secretary General and Expert	1
10	Ethiopian National Chamber of Sectoral Associations	Secretary General and Expert	1
		Total	**12**

1.1.4 Métodos de recolha de dados

Tal como explicado por Hopkins (2001), o método qualitativo permite uma maior flexibilidade na identificação de factores e estratégias práticas do que a abordagem quantitativa formal e estruturada e permite o desenvolvimento de teorias. O método qualitativo permite uma maior flexibilidade na identificação de factores e estratégias práticas do que a abordagem quantitativa formal e estruturada e permite o desenvolvimento de teorias. Além disso, a abordagem de investigação qualitativa é uma das principais abordagens da metodologia de investigação. Estuda as experiências, os comportamentos e as atitudes dos inquiridos. Por conseguinte, devido à questão principal da investigação, que está relacionada com "como", é bem abordada com a utilização de métodos qualitativos. Em comparação com a abordagem de investigação quantitativa, não utiliza métodos matemáticos e estatísticos. No entanto, o método de investigação qualitativa utiliza a lógica para interpretar os dados recolhidos.

1.1.4.1 Entrevistas

Existem diferentes tipos de técnicas de entrevista: estruturadas, semi-estruturadas e não estruturadas (Hesse-Biber & Leavy, 2011). As entrevistas estruturadas implicam fazer a todos os participantes uma série de perguntas predefinidas e manter a entrevista e o participante concentrados nessas perguntas. Este método permite comparações diretas entre as respostas dos participantes. No entanto, não permite que o participante permita que as suas próprias experiências se desenvolvam e forneçam mais informações que o investigador possa não ter considerado (Hesse-Biber & Leavy, 2011). As entrevistas semiestruturadas envolvem o desenvolvimento de um conjunto de perguntas pré-definidas que podem servir de guia, mas permitem que a conversa permaneça menos rígida. Como Hesse-Biber & Leavy (2011) observaram, isto permite aos participantes alguma liberdade para falar sobre questões que lhes interessam e, adicionalmente, permite ao investigador seguir tópicos levantados que podem não ter sido considerados antecipadamente. Neste sentido, este estudo utilizou a técnica da entrevista semi-estruturada.

As entrevistas podem ser realizadas pessoalmente, por telefone, skype ou qualquer outra aplicação tecnológica mais recente. As entrevistas presenciais foram selecionadas para esta investigação. Como referem Saunders et al. (2003), as entrevistas presenciais permitem uma espécie de interação entre o entrevistador e os entrevistados.

3.3.3.1 Observação

A observação dos grupos permite o reconhecimento dos padrões de interação social no seu ambiente natural (Henn et al., 2009). Como Yin (2009) explicou, para observar as interações do grupo em tempo real num ambiente com o qual os membros dos grupos estão familiarizados e como parte das operações normais, foram utilizadas notas de campo da observação direta. De acordo com Marshall (2006), a observação pode ser definida como um visionamento sistemático de um fenómeno específico no seu contexto adequado ou com o objetivo específico de recolher dados para um determinado estudo.

Como referiu Kumar (1996), existem dois tipos de observação. São eles: a observação participante e a observação não participante. A observação participante tem lugar quando os observadores participam na atividade das pessoas observadas da mesma forma que os seus membros, com ou sem saberem que estão a ser observados. Por outro lado, a observação não participante ocorre quando o investigador não se envolve nas actividades do grupo, mas observa passivamente a atividade dos inquiridos.

3.3.3.2 Revisão do documento

Existem muitos métodos de recolha de dados normalmente utilizados nos estudos de caso. Os dados provenientes de duas ou mais fontes ajudarão a fundamentar as respostas da investigação. Por conseguinte, este estudo também utilizou a análise de documentos para fornecer uma base para uma discussão alargada e exaustiva do problema de investigação. A análise documental inclui jornais, revistas, manuais de formação, vídeos, fotografias, procedimentos, actas, relatórios, políticas, regras e regulamentos da organização, comunicados de imprensa e sítios Web.

3.3.5 Métodos de análise de dados

No que diz respeito aos métodos de análise de dados, envolveu a análise de entrevistas, observação e documentos. O investigador segue procedimentos formalizados para analisar os dados das entrevistas. Além disso, o investigador utiliza o software NVIVO (versão 10) para armazenar os dados das entrevistas.

3.3.6 Validade e fiabilidade

A validade e a fiabilidade são as questões mais importantes para a investigação qualitativa. Yin (2003) argumenta que a validade e a fiabilidade não são aplicáveis à investigação qualitativa e que a preocupação dos investigadores qualitativos deve centrar-se na fiabilidade e englobar questões como a credibilidade, a fiabilidade, a transferibilidade e a conformabilidade. Assim, para abordar estas questões de investigação qualitativa, é essencial a utilização de procedimentos formalizados e baseados em software, utilizando o software Nvivo para a análise e interpretação de dados de entrevistas qualitativas.

3.4 Investigação em ciências do design

De acordo com Hevner et al. (2004), "a ciência do design cria e avalia artefactos de TI destinados a resolver problemas organizacionais identificados". A ciência do design é considerada como uma sub vertente de um conjunto de abordagens de investigação construtivas com uma ênfase comum no papel central do artefacto (Gregor & Jones, 2007). A investigação em ciências do design é entendida como um "paradigma de resolução de problemas" (Hevner et al., 2004; March & Smith, 1995).

3.5 Processo de investigação em ciências do design

Diferentes académicos desenvolveram modelos de processo de investigação em ciências do design. O investigador deste estudo utilizou o modelo de processo de investigação em ciências do design desenvolvido por Offermann et al. (2009).

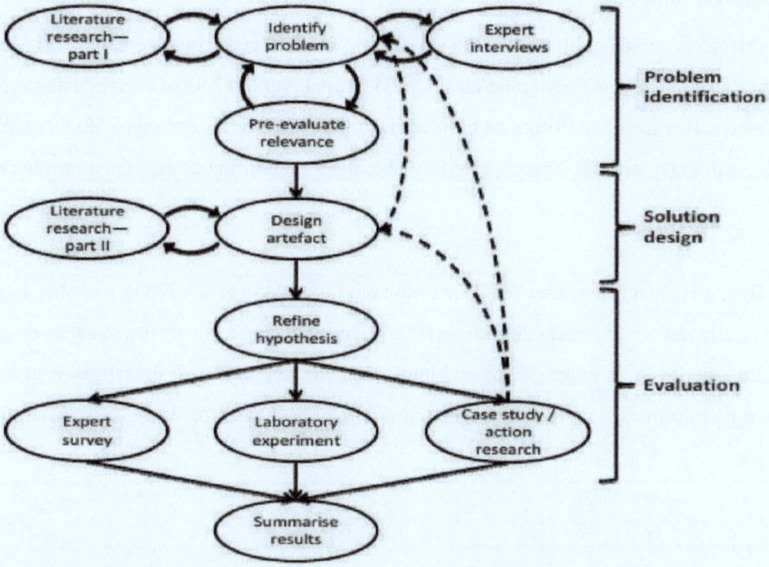

Figura 3.1 Processo de investigação em ciências do design (Offermann et al. , 2009)

Este modelo de processo de investigação em ciências da conceção, desenvolvido por Offermann et al. (2009), é explicado a seguir.

Identificação do problema

Neste estudo, o investigador identificará os problemas sociais e tecnológicos que impedem a partilha de conhecimentos inter-organizacionais. Nesta fase, a pesquisa bibliográfica e as entrevistas a peritos são as ferramentas mais comuns que podem ser utilizadas para compreender os problemas em pormenor (Offermann et al., 2009). A ECCSA não dispõe de sistemas que promovam a partilha de conhecimentos entre as suas associações membros. Este estudo selecionou o Desenvolvimento da Agenda Empresarial Nacional (NBA) como um Processo Empresarial. A ECCSA considera a iniciativa do Fórum Consultivo Público-Privado da Etiópia (EPPCF) como o pilar do seu serviço de sensibilização para o sector privado. Este serviço de defesa é efectuado através da Agenda Empresarial Nacional (NBA). O desenvolvimento da NBA é considerado como um processo empresarial que inclui diferentes actividades. O processo empresarial é analisado utilizando uma técnica de mapa de processos.

Conceção da solução

Nesta fase, é concebida a solução que é a plataforma de partilha de conhecimentos. O investigador utilizou o sistema de gestão de conteúdos (CMS) Drupal (**versão** 7.43) e a base de dados MYSQL para desenvolver uma plataforma de partilha de conhecimentos baseada na Web. O investigador também utilizou o servidor Apache para implementar a plataforma de partilha de conhecimentos.

Avaliação

Nesta fase, é efectuada a avaliação. De acordo com Offermann et al. (2009), a avaliação pode ser realizada através de um estudo de caso ou de uma investigação-ação, da organização de um vasto inquérito a peritos e de experiências ou simulações em laboratório. O investigador deste estudo avalia a plataforma de partilha de conhecimentos concebida através de entrevistas a peritos humanos.

CAPÍTULO 4

APRESENTAÇÃO E ANÁLISE DE DADOS

4.1 Introdução

Este capítulo analisa os dados que foram recolhidos através de entrevistas, observação e análise de documentos. Também tenta dar resposta às questões de investigação levantadas neste estudo. Avalia a prática de partilha de conhecimentos inter-organizacionais entre as associações membros da ECCSA e explora os factores contextuais que promovem a partilha de conhecimentos. Além disso, a análise dos dados ajudará a transformar os dados brutos em informações significativas.

4.2 Prática de partilha de conhecimentos inter-organizacionais

Um dos objectivos deste estudo é avaliar as práticas de partilha de conhecimentos inter-organizacionais entre os membros da associação ECCSA. Esta investigação utiliza o modelo SECI de Nonaka para avaliar a prática de partilha de conhecimentos inter-organizacionais. Este estudo identifica a personificação e a codificação como os principais métodos de partilha de conhecimentos.

4.2.1 Personificação

O método de personificação inclui métodos formais e informais de partilha de conhecimentos.

4.2.1.1 Métodos formais de partilha de conhecimentos

O método formal de partilha de conhecimentos inclui: formação no local de trabalho, reuniões, trabalho de equipa, comunicações por correio eletrónico, redes sociais e partilha de experiências entre associações membros.

- **Formação no local de trabalho**

A ECCSA presta formação aos seus membros através da Academia da Câmara. A Academia de Câmaras oferece formação no local de trabalho às associações, a fim de reforçar as suas capacidades em diferentes áreas, como a liderança, a governação, a defesa e o desenvolvimento dos membros. Como explicou o Chefe de Planeamento e Coordenação de Projectos:

> *Podemos não observar a importância das formações de imediato; no entanto, há mudanças que observámos ao longo do tempo. Por exemplo, no que diz respeito à advocacia, eram muito poucos os indivíduos que conseguiam fazer advocacia para*

enfrentar o governo e contestar algumas políticas e regulamentos governamentais. No entanto, depois de termos dado a formação em advocacia, produzimos milhares de indivíduos que podem participar em debates nacionais, fóruns de diálogo e reuniões e defender-se. Este é um dos maiores sucessos que a nossa associação obteve até à data com a formação.

O chefe da divisão de marketing também acrescentou uma opinião semelhante:

A Academia da Câmara organiza e dá formação a todas as associações membros sobre a preparação e implementação de projectos. O departamento efectua ainda pesquisas sobre as várias questões que as associações enfrentam e prevê os méritos e desvantagens das mesmas. Isto é frequentemente feito através da prestação de várias formações aos representantes das associações membros.

A formação também pode servir como um meio para os representantes das associações partilharem as suas ideias. Como explicou o perito sénior em questões de filiação:

Durante a formação, todas as associações membros enviam os seus representantes e têm a oportunidade de partilhar os seus conhecimentos, experiências, desafios e receios com que se deparam frequentemente com os outros participantes. Isto ajuda as associações membros a adquirirem mais conhecimentos em diferentes áreas.

- **Reuniões**

A ECCSA organiza diferentes reuniões com o objetivo de partilhar ideias e informações entre as associações membros. Na ECCSA, realizam-se principalmente a reunião da assembleia geral e a reunião do conselho de administração. Esta reunião permite a participação de todos os representantes das associações membros para partilhar e debater ideias sobre as actividades da câmara.

A reunião da assembleia geral é uma reunião em que as associações ouvem os relatórios anuais e compreendem as diferentes actividades que a câmara realizou durante o ano fiscal. Como explicou o Perito Sénior em Assuntos dos Membros:

Uma das reuniões mais importantes é a reunião da assembleia geral. Nesta reunião, as associações elegem o seu presidente. É também um evento em que as associações ouvem os relatórios anuais e compreendem os diferentes desempenhos que a câmara teve durante o ano fiscal.

As reuniões do Conselho de Administração realizam-se de 45 em 45 dias para avaliar o desempenho mensal da ECCSA. Também serve como mecanismo de partilha de conhecimentos entre os membros, tratando das actividades das respectivas associações. Como explicou o Chefe de Planeamento e Coordenação de Projectos:

> *Existem dois tipos de reuniões na câmara. O primeiro é a reunião dos membros da direção. Os membros da direção são representantes das associações membros. Participam na reunião e levam para as suas associações todos os conhecimentos que aqui adquiriram. Através desta reunião, partilham os conhecimentos com os restantes membros.*

As reuniões do conselho de administração também reforçam a associação, concentrando-se nos seus pontos fortes e fracos a partir do relatório. Como salientou o Secretário-Geral:

> *Analisam as fraquezas e os pontos fortes da organização e determinam as melhores formas de progresso da câmara no futuro.*

A este respeito, as reuniões constituem um meio adequado para partilhar conhecimentos e experiências entre os membros da ECCSA. Permitem-lhes partilhar as suas experiências com todos os membros, de modo a criar um entendimento comum para resolver os diferentes problemas levantados na respectiva associação.

- **Trabalho em equipa**

O trabalho de equipa implica a cooperação entre as associações membros. Esta cooperação ajuda a definir um objetivo comum para o qual toda a equipa trabalha. Na ECCSA, duas ou mais associações preparam uma feira comercial. Neste caso, as associações partilham a sua experiência para realizar a feira de forma atempada e adequada. Como observou o perito sénior em assuntos associativos:

> *Existe trabalho de equipa, especialmente quando a feira é organizada com outras associações membros. As equipas são designadas para realizar especificamente uma atividade individual, de modo a que todo o evento possa ser realizado com êxito. Durante o evento, cada equipa partilha e discute os desafios que enfrentou em eventos anteriores semelhantes e aprende a melhor solução a adotar para o próximo evento.*

Todas as equipas trocam conhecimentos em todas as direcções para realizar com êxito a feira comercial.

O Chefe de Planeamento e Coordenação de Projectos também explicou uma opinião semelhante:

Para acolher uma feira comercial com outras associações, as associações formam um comité que pode partilhar experiências e zelar pelo seu sucesso. Assim, o comité forma vários grupos de equipas em que cada equipa assume uma tarefa muito específica no evento, de modo a que quaisquer contratempos possam ser rapidamente resolvidos e toda a feira seja bem sucedida.

Na ECCSA, acredita-se que trabalhar em equipa com outras associações promove a partilha de experiências entre associações. Isto reforçará a força e os laços entre os membros.

- **Comunicação por correio eletrónico**

O correio eletrónico é uma das ferramentas de comunicação mais valiosas entre as associações membros da ECCSA. É uma boa forma de anexar e enviar ficheiros electrónicos, como boletins informativos e documentos, para partilhar informações valiosas entre as associações membros. Como explicou o Secretário-Geral:

É uma das ferramentas mais utilizadas pela nossa associação. Utilizamo-lo normalmente para comunicar com outras associações membros. Utilizamos para comunicar e partilhar informações importantes com os funcionários da câmara e também com outras associações parceiras.

A comunicação por correio eletrónico é também importante para distribuir rapidamente informações a um grande número de pessoas. Por exemplo, espera-se que as associações partilhem com os seus membros informações relacionadas com diferentes oportunidades de negócio. Nesse caso, a utilização do correio eletrónico como ferramenta de comunicação permite-lhes enviar facilmente as informações a todos os membros. Como acrescentou o perito sénior em assuntos associativos:

Existe uma tendência para utilizar o correio eletrónico entre as associações e também para os seus membros. Consideram o correio eletrónico como uma ferramenta necessária para comunicar com os seus membros individuais. As associações utilizam eficazmente a comunicação por correio eletrónico para fornecer várias informações aos seus membros individuais.

Pode perceber-se que a comunicação por correio eletrónico é valiosa para a partilha de informações entre associações. Podem obter informações úteis através do correio eletrónico. Também partilham oportunidades comerciais e de negócio com os seus membros.

- **Redes sociais**

Os sítios de redes sociais, como o Facebook e o Twitter, tornaram-se poderosas ferramentas de comunicação. A utilização destes canais facilita a comunicação entre as associações membros. Permite que os membros acedam a informações importantes publicadas na página. Como explicou o Chefe da Divisão de Marketing:

> *A nossa associação já tem a sua própria página no Facebook e o seu próprio sítio Web. Por conseguinte, todas as informações e conhecimentos que a associação considera necessários para as associações membros e as associações parceiras são publicados na página do Facebook e também nos sítios Web. Assim, qualquer pessoa que pretenda obter informações pode aceder à associação através destas ferramentas de redes sociais e obter os conhecimentos necessários.*

O Chefe de Planeamento e Coordenação de Projectos também explicou uma opinião semelhante:

> *A nossa associação está a utilizar essencialmente os meios de comunicação social, como o facebook, o twitter e o Flicker. Estes meios de comunicação social estão a ajudar a associação a partilhar e a divulgar informações importantes para a sua comunidade empresarial mais vasta sob a forma de vídeo, áudio e imagens.*

Pode dizer-se que as redes sociais são um meio de comunicação útil entre as associações membros. Permitem responder aos comentários em tempo útil. Também permite à associação adicionar conteúdos à sua página e manter os seus membros actualizados sobre todas as oportunidades de negócio locais e internacionais.

- **Partilha de experiências**

A aprendizagem inter-organizacional torna-se possível tanto a partir dos sucessos (melhores práticas) como dos fracassos (lições aprendidas). A aprendizagem nas organizações é importante porque representa o passo de transição entre a aplicação de ideias e a geração de novas ideias (Dalikir, 2005). Como explicou o Chefe de Planeamento e Coordenação de Projectos:

Existem fóruns consultivos duas vezes por ano para a partilha de boas práticas na ECCSA com representantes das 18 associações membros. Nas reuniões, partilhamos as melhores actividades que realizámos e os membros também partilham as suas. Também partilhamos os desafios e a forma como os resolvemos.

O chefe da divisão de comercialização também exprimiu uma opinião semelhante:

A partilha de experiências ou de melhores práticas é uma das actividades que a Câmara de Comércio da Etiópia realiza duas vezes por ano. Neste programa, cada associação membro envia um representante oficial para que possam partilhar e aprender uns com os outros. As associações membros partilham frequentemente as suas melhores práticas sobre como podem desenvolver um pessoal bem formado e educado.

Partilham a forma como podem transferir informações para a associação membro.

A partilha de experiências proporciona um meio de partilhar as lições que as associações observaram como um sucesso ou um fracasso. Esta prática tem o seu próprio contributo para a eficácia da partilha de conhecimentos inter-organizacionais entre associações. As associações partilham diferentes tipos de experiências com outras. Por exemplo, quando uma associação membro organiza e lança com êxito uma feira comercial a nível internacional ou nacional, essa associação partilha a experiência que é típica da associação.

4.2.1.2 Métodos informais de partilha de conhecimentos

O método informal de partilha de conhecimentos inclui: interações presenciais e comunicações telefónicas.

- **Interações face a face**

As interações presenciais podem ser utilizadas como um método de partilha de conhecimentos para resolver problemas imediatos. Como explicou o Perito Sénior em Assuntos dos Membros:

Os representantes das associações aproveitam muitas vezes uma pausa para o chá para se encontrarem com os outros representantes e discutirem as questões cara a cara. E também as associações cujos escritórios se situam em Adis Abeba preferem ir pessoalmente às reuniões para falar pessoalmente com os funcionários da nossa associação.

Além disso, é normalmente aplicado durante as interações com os representantes de todas as associações membros, para além dos fóruns de diálogo e dos seminários.

Há ocasiões em que é necessária uma interação cara a cara para discutir questões muito importantes. O Secretário-Geral também explicou:

Existem sucursais de algumas associações membros no mesmo edifício da Câmara de Comércio e Associação Sectorial da Etiópia. A nossa associação reúne-se frequentemente com representantes destes gabinetes nos casos em que é muito importante discutir questões pessoalmente. Esta é uma das formas de reunião presencial com as associações membros.

Isto confirma que a interação face a face entre os membros tem um papel importante a desempenhar para discutir questões essenciais que podem ocorrer na sua atividade diária. Os membros participam em interações face a face para adquirir conhecimentos relevantes para a execução da tarefa. Isto permite-lhes compreender melhor as questões.

- **Comunicações telefónicas**

A comunicação telefónica pode ser utilizada como um método de partilha de informações entre os membros para diferentes eventos e ocasiões. Como explicou o Perito Sénior em Assuntos dos Membros:

Utilizamos frequentemente as chamadas telefónicas para informar as associações membros sobre eventos e para informar as associações de câmaras sobre os horários e anúncios das reuniões.

O Chefe da Divisão de Marketing também acrescentou uma opinião semelhante:

A maior parte do método de comunicação que a nossa organização utiliza é a comunicação telefónica. Por exemplo, a maior parte dos convites para os workshops e para as reuniões e fóruns gerais são feitos através de chamadas telefónicas. Para recolher informações simples de e para as associações, a nossa organização utiliza principalmente o telefone.

A ECCSA utiliza a comunicação telefónica para convidar todos os membros a participarem em workshops, feiras comerciais e outros eventos. Este tipo de comunicação facilita o contacto com todos os seus membros.

4.2.2 Codificação

A ECCSA tem por prática codificar diferentes tipos de manuais e registar as melhores práticas. O Centro de Recursos da ECCSA codifica diferentes manuais e melhores práticas para disponibilizar a todas as associações membros e à comunidade empresarial. Como explicou o Chefe de Planeamento e Coordenação de Projectos:

> *No entanto, no centro de recursos da ECCSA, armazenamos os conhecimentos através de computador, para que qualquer pessoa possa aceder a eles digitalmente. Também armazenamos no sítio Web da associação. Pelo contrário, outras associações membros não aplicam o mesmo devido a barreiras financeiras e à falta de sensibilização para a tecnologia.*

O Secretário-Geral também expressou uma opinião semelhante:

> *Isto está muitas vezes relacionado com a prática de que o conhecimento e a informação que a associação acumulou no seu centro de recursos devem ser armazenados em linha para que um público mais vasto possa aceder-lhes em qualquer altura. Por conseguinte, o centro de recursos utiliza o documento codificado para divulgar a informação à comunidade empresarial. A razão para a codificação da informação é criar um acesso fácil aos materiais em papel.*

A prática de codificação na ECCSA tem sido efectuada pelo seu centro de recursos. O centro de recursos codifica sobretudo manuais e melhores práticas obtidas. O centro de recursos utiliza o documento codificado para divulgar as informações às associações empresariais.

Como resultado, isto cria um acesso fácil aos documentos e à informação disponíveis na ECCSA. A este respeito, a codificação é um dos mecanismos para promover a partilha de conhecimentos na ECCSA. No entanto, a codificação não é aplicada pela maioria das associações membros para captar e armazenar conhecimentos.

4.4 Factores que promovem a partilha de conhecimentos inter-organizacionais

Muitos investigadores identificam factores que promovem a partilha de conhecimentos inter-organizacionais. Este estudo identificou os factores contextuais, organizacionais, tecnológicos e a natureza do conhecimento como factores que podem promover a partilha de conhecimentos interorganizacionais entre os membros (Seyyedeh et al. , 2009).

4.4.1 Factores contextuais

O contexto é a situação e o ambiente em que a partilha de conhecimentos tem lugar. Os factores contextuais incluem factores como a confiança (Nieminen, 2005; Wijk et al., 2008; Easterby-Smith et al., 2008; Albino et al., 1998).

Confiança

A confiança é a convicção de que uma organização actua de forma consistente e que actuará de acordo com as expectativas e interações (Spekman et al., 1998). A confiança pode ser considerada como uma das questões mais importantes entre as organizações que podem promover a partilha de conhecimentos. Como explicou o Chefe de Planeamento e Coordenação de Projectos:

> *É difícil dizer que existe plena confiança entre as associações membros. Algumas das associações membros têm mais conhecimentos do que a própria câmara; no entanto, é visível em vários workshops que estas associações partilham apenas uma pequena parte dos seus conhecimentos. Isso ocorre principalmente para não perder a concorrência em alguns pontos comuns. Por exemplo, existe a possibilidade de partilhar o mesmo doador com outras associações e estas associações mais fortes mantêm os seus conhecimentos para parecerem mais inteligentes e mais fortes do que as outras, a fim de conquistarem os interesses da organização doadora.*

O chefe da divisão de comercialização também exprimiu uma opinião semelhante:

> *As associações membros mostram um sinal de concorrência entre si, no entanto, uma vez que todas elas precisam de trabalhar em conjunto para fortalecer o seu negócio, há um pouco de concorrência. Por outro lado, esta pequena concorrência gera um sentimento de desconfiança entre elas. Por exemplo, uma associação membro mantém algumas oportunidades de negócio e de investimento de outras associações que podem ser mais eficazes para algumas áreas de investimento específicas.*

Com base nos pontos de vista acima referidos, é difícil afirmar que existe confiança entre as associações para partilharem livremente os conhecimentos que possuem. De acordo com os inquiridos, as associações não partilham informações relacionadas com o perfil dos doadores e com as oportunidades de negócio e de investimento. As associações guardam essas informações em vez de as partilharem com outros. A este respeito, é difícil dizer que existe uma verdadeira confiança entre as associações para a partilha de conhecimentos.

4.4.2 Factores organizacionais

Existem factores organizacionais que promovem a partilha de conhecimentos inter-organizacionais, incluindo a intenção organizacional de aprender, a política organizacional e a proximidade geográfica.

- **Intenção organizacional de aprender**

A intenção de aprender centra-se no nível de esforço que a organização faz com o objetivo de aprender e na consciência do significado da aprendizagem (Hau & Evangelista, 2007). É um meio de obter conhecimentos externos. Como explicou o Chefe da Divisão de Marketing:

> *Existe um enorme interesse em participar em quaisquer actividades, desde que estas apoiem as necessidades básicas e os interesses das suas associações. As associações membros estão dispostas a adotar procedimentos e uma cultura organizacional diferentes. Este facto é frequentemente observado nas feiras comerciais e nos fóruns de diálogo que a câmara apresenta.*
>
> *As associações membros participam ativamente em todos eles e, no dia seguinte, começam a organizar actividades e eventos semelhantes. Este facto demonstra a vontade da direção das associações membros de aprender com os outros de uma nova forma.*

Este facto é igualmente confirmado pelo Chefe de Planeamento e Coordenação de Projectos:

> *Algumas associações podem ter uma intenção maior do que a nossa, e outras podem ter pouca. No entanto, a razão para o desenvolvimento e força da nossa associação é principalmente a sua forte intenção de aprender.*

Pode dizer-se que, embora não se possa dizer que a intenção de aprender é aplicável em todas as associações membros, a maioria das associações tem interesse em aplicar conhecimentos externos, modificando-os de acordo com o seu contexto.

- **Política de organização**

Uma política forte e sólida ajudará a reduzir a resistência, caso esta exista (Lazer & Binz Scharf, 2004). Como explicou o responsável pelo planeamento e coordenação do projeto:

> *Mesmo que não exista uma política escrita que obrigue a nossa organização a partilhar conhecimentos, a proclamação que deu origem à criação da nossa associação afirma*

que as associações devem partilhar conhecimentos sob qualquer forma. No entanto, se existir uma política, a partilha de conhecimentos entre associações será uma tarefa obrigatória.

O chefe da divisão de comercialização também exprimiu uma opinião semelhante:

> *Em relação à partilha de conhecimentos e experiências, à transferência de conhecimentos e a um sistema de aprendizagem de novas práticas, não existe uma política organizacional específica.*

De acordo com os inquiridos, não existe uma política organizacional escrita que imponha a partilha de conhecimentos entre associações. Neste sentido, podemos concluir que a existência de uma política organizacional pode promover a partilha de conhecimentos inter-organizacionais entre associações.

- **Proximidade geográfica**

A proximidade geográfica é a distância geográfica entre duas ou mais organizações. Incentiva a comunicação cara a cara e aproxima as empresas (Knoben & Orelemans, 2006). Como explicou o perito sénior em assuntos associativos:

> *Para facilitar a necessidade de transferência de conhecimentos de uma associação para outra, a proximidade geográfica é muito importante. Por exemplo, as associações regionais que existem em Estados regionais distantes de Adis Abeba têm pouco acesso às informações quotidianas sobre a atividade na capital. No entanto, as associações membros que têm os seus escritórios em Adis Abeba podem aceder a qualquer informação necessária numa base diária a partir da ECCSA.*

Este facto é igualmente confirmado pelo Chefe de Planeamento e Coordenação de Projectos:

> *A proximidade geográfica afecta a ocorrência de partilha de conhecimentos entre as associações membros da ECCSA. Quanto mais próximas as associações membros estiverem geograficamente, mais informadas estarão no dia a dia.*

A proximidade geográfica é a distância geográfica entre as associações membros da ECCSA. Aumenta o nível de riqueza em termos de interação e de partilha de conhecimentos entre as associações.

De acordo com os inquiridos, a proximidade geográfica pode promover a partilha de conhecimentos inter-organizacionais entre associações.

4.4.3 Factores tecnológicos

Infra-estruturas e acessibilidade das TIC

O apoio das TIC sob a forma de extranet, serviço Web e intranet desempenha um papel importante na redução das diferenças de tempo e espaço entre os membros das comunidades de conhecimento (Hoof, 2004). A tecnologia é considerada como um dos componentes dos sistemas de gestão do conhecimento para ligar os membros e ajudá-los a utilizar e partilhar conhecimentos no âmbito do sistema de gestão do conhecimento (Barson et al., 2000). Como explicou o Coordenador do Sistema de Informação de Gestão:

> *As infra-estruturas de TIC da ECCSA e das suas associações membros são limitadas em todo o país. É limitada pelo facto de algumas das associações membros que existem em estados regionais distantes como a Somália e Gambela terem muito pouca ligação à Internet e as que estão mais próximas da capital terem uma melhor ligação à Internet. Por conseguinte, podemos dizer que existe a infraestrutura, mas o acesso às TIC é muito reduzido entre as associações membros.*

O desafio de captar, organizar e divulgar conhecimentos em contextos inter-organizacionais pode ser facilitado por um apoio eficaz das TIC. As TIC não só proporcionam um acesso rápido e preciso às bases de dados e aos dados armazenados, como também criam uma ligação entre as organizações, aumentando a conetividade entre elas através da criação de grupos de discussão na Internet ou de reuniões electrónicas que podem finalmente conduzir à partilha de conhecimentos (Turban, 2006; Hendriks, 1999). Como explicou o Chefe de Planeamento e Coordenação de Projectos:

> *Existe a acessibilidade das TIC e das suas infra-estruturas. No entanto, para a nossa associação, a infraestrutura baseia-se principalmente na Internet. Um dos planos da nossa associação é desenvolver uma rede de área alargada que nos permita utilizar videoconferências e muito mais. Quando este projeto estiver concluído, o mecanismo de partilha de conhecimentos será mais eficaz.*

De acordo com os inquiridos, a existência de infra-estruturas de TIC e a sua acessibilidade podem promover a partilha de conhecimentos inter-organizacionais entre associações. A este respeito, a infraestrutura das TIC contribui muito para facilitar a partilha de conhecimentos entre associações. Além disso, também aumentará a simplicidade da partilha de conhecimentos.

4.4.4 Natureza do conhecimento

A natureza do conhecimento pode ser vista em termos de tacitismo ou explicitação do conhecimento. A natureza do conhecimento é uma variável que é influenciada pela partilha de conhecimentos (Nonaka, 1994). Como observou o Secretário-Geral:

> *Na nossa associação existe tanto o conhecimento explícito como o tácito. No entanto, o tipo de conhecimento tácito inclina-se de muitas formas. Mesmo que haja conhecimento explicitamente reservado para ser partilhado com o público, uma grande parte do conhecimento está ainda dentro dos indivíduos e é mantido longe do público. Este conhecimento resulta de uma longa experiência de trabalho na câmara e em associações semelhantes. Estas pessoas estão a dar um enorme contributo para o desenvolvimento da associação. No entanto, os seus conhecimentos e competências são sempre invisíveis para o público.*

Acrescentou ainda o perito sénior em assuntos de filiação:

> *O tipo de conhecimento explícito é visível para todos e é aplicado diariamente. Por exemplo, as diretrizes financeiras e de gestão, os procedimentos de recrutamento de membros, os protocolos de investigação e de defesa de interesses são alguns dos conhecimentos explícitos. Por outro lado, o tipo de conhecimento tácito está sobretudo guardado na mente dos dirigentes associativos. Na maioria dos casos, não partilham esses conhecimentos. Quando deixam as associações, guardam consigo o conhecimento e a experiência.*

A explicitação do conhecimento facilita a transferência e a comunicação do conhecimento. Consequentemente, a explicitação do conhecimento facilitará a capacidade de partilhar conhecimentos entre as organizações, ao passo que o conhecimento tácito é difícil de partilhar entre as organizações (Dick Stenmark, 2001). De acordo com o inquirido, o conhecimento explícito promove a partilha de conhecimentos inter-organizacionais entre associações. É a forma mais fácil de partilhar conhecimentos.

4.5 Implicações para a conceção de plataformas de partilha de conhecimentos

A partilha eficaz de conhecimentos tem lugar quando as entidades que os partilham utilizam um modelo relacional semelhante, com mecanismos de incentivo e sistemas de gestão do conhecimento adequados (Boer et al., 2011). O estudo sobre a ECCSA mostra que a ECCSA tem falta de sistemas que promovam a aprendizagem organizacional. O IOKSS é um tipo de KMS que permite a disseminação contínua do conhecimento individual e organizacional através de repositórios ou redes entre duas ou mais organizações (Al-Busaidi, 2013). Atualmente, as organizações estão a conceber e a implementar plataformas de partilha de conhecimentos num esforço para melhorar a sua competitividade, produtividade, eficácia organizacional e serviço ao cliente.

As conclusões deste estudo têm as suas próprias implicações na conceção de uma plataforma de partilha de conhecimentos. A ECCSA promove a partilha de conhecimentos inter-organizacionais entre as associações membros através de diferentes métodos formais de partilha de conhecimentos, como a formação no local de trabalho e as reuniões. A formação e as reuniões podem constituir um meio adequado para partilhar conhecimentos e experiências entre os membros da ECCSA. Permite-lhes partilhar as suas experiências com todos os membros, de modo a criar um entendimento comum para resolver os diferentes problemas levantados na respectiva associação. A este respeito, a plataforma de partilha de conhecimentos pode ser utilizada como um meio para facilitar a partilha de conhecimentos entre organizações entre as associações membros da ECCSA. Esta plataforma também serve de plataforma de comunicação para apoiar as interações entre as associações membros.

As NBAs identificam leis e regulamentos que dificultam a atividade empresarial. A NBA é uma ferramenta vital para a comunidade empresarial encorajar o investimento e estimular a atividade empresarial e o crescimento económico. O desenvolvimento de uma agenda mobiliza a comunidade empresarial para utilizar as suas competências para efetuar uma reforma das políticas públicas, definindo prioridades legislativas e regulamentares e comunicando-as claramente aos decisores políticos. Este tipo de conhecimento é de natureza tácita e é adquirido através do desenvolvimento de várias agendas empresariais nacionais. No entanto, estas actividades são realizadas em suporte papel que não é acessível a outros e está limitado a poucos indivíduos. O conhecimento pode ser acessível de uma forma que é armazenada numa localização central utilizando um modelo de representação do conhecimento como a taxonomia. Por conseguinte, a plataforma de partilha de conhecimentos fornece um repositório de conhecimentos e facilita a partilha de conhecimentos entre as associações da ECCSA.

CAPÍTULO 5

CONCEPÇÃO DE UMA PLATAFORMA DE PARTILHA DE CONHECIMENTOS

5.1 Introdução

O Sistema de Gestão do Conhecimento (SGC) é uma integração de tecnologias e mecanismos que são desenvolvidos para apoiar os processos de gestão do conhecimento (Becerra-Fernanadez et al., 2004). Um Sistema de Partilha de Conhecimento Interorganizacional (IOKSS) é um tipo de KMS que permite a disseminação contínua do conhecimento individual e organizacional através de repositórios ou redes entre duas ou mais organizações (Al-Busaidi, 2013).

Os sistemas de partilha de conhecimentos inter-organizacionais são um sistema de informação automatizado partilhado por duas ou mais organizações e concebido para ligar processos empresariais (Cash & Konsynski, 1985; Robey, et al., 2008). A conceção de uma plataforma de partilha de conhecimento inter-organizacional para associações empresariais proporciona uma variedade de importâncias que promovem a partilha de conhecimento entre associações. Esta plataforma visa proporcionar a partilha de experiências e de melhores práticas entre associações empresariais. Além disso, promove a livre troca de conhecimentos, dados, lições aprendidas e experiências entre associações.

O estudo da ICOS Consulting (2013) apontou para o facto de a ECCSA não dispor de sistemas que promovam a aprendizagem organizacional. Mostra também que a ECCSA não é uma organização de aprendizagem que documenta adequadamente o conhecimento e as melhores práticas produzidas internamente ou obtidas em visitas de benchmarking noutros locais. Além disso, revelaram que não existe um sistema formal de partilha de conhecimentos e lições aprendidas. O objetivo deste estudo é conceber uma plataforma de partilha de conhecimentos que promova a partilha de conhecimentos entre associações empresariais.

5.2 Ambiente empresarial

A missão da ECCSA consiste em proporcionar uma plataforma para a voz unificada do sector privado, que pode desempenhar um papel de liderança na economia através da defesa de causas, da promoção do comércio e do investimento e do reforço das capacidades. Atualmente, a ECCSA considera a iniciativa do Fórum Consultivo Público-Privado da Etiópia (EPPCF) como o pilar do seu serviço de defesa do sector privado.

O Fórum Consultivo Público-Privado da Etiópia (EPPCF) é mandatado por um Memorando de

Entendimento (MoU) assinado em julho de 2010 entre o Ministério do Comércio e da Indústria e o

Câmara de Comércio e Associações Sectoriais da Etiópia (ECCSA). O memorando de entendimento é o resultado de anos de negociações entre o sector privado e o governo para estabelecer um mecanismo formal de diálogo público-privado. Num país em que o nível de desconfiança entre o sector privado e o sector público é profundo e as relações estão muito tensas, a assinatura do ME e a criação da EPPCF representaram um marco importante na reconstrução das relações entre o governo e o sector privado.

Os fóruns foram realizados de acordo com os seguintes temas específicos: Impostos, logística comercial, contratos públicos, registo comercial, licenciamento de empresas, turismo e formação e administração de empresas. Estes fóruns conduziram a uma série de reformas que resultaram em poupanças significativas para o sector privado e na melhoria do ambiente empresarial.

A EPPCF segue um processo orientado para a investigação no desenvolvimento da agenda para o diálogo. O secretariado da EPPCF envolve continuamente o sector privado para identificar questões prementes que justifiquem um diálogo com o governo. Um fórum de diálogo é sempre precedido da análise de uma potencial agenda de questões. Atualmente, o desenvolvimento da NBA é feito de forma não estruturada.

5.3 Taxonomia do conhecimento

Este estudo utiliza os procedimentos de Kim et al. (2003) para a construção do mapa de conhecimentos, que consiste em seis procedimentos. Os procedimentos incluem: definição do conhecimento organizacional, análise do mapa de processos, extração de conhecimento, perfil do conhecimento, ligação do conhecimento e validação do mapa de conhecimento.

5.3.1 Definição de conhecimento organizacional

Este procedimento é utilizado para definir uma ontologia do conhecimento que fornece uma representação intermédia do conhecimento uniforme e baseada em texto. A representação intermédia fornece um meio de descrever o conhecimento. Uma agenda empresarial nacional (NBA) é uma ferramenta vital para a comunidade empresarial incentivar o investimento e estimular a atividade empresarial e o crescimento económico. O desenvolvimento de uma agenda mobiliza a comunidade empresarial para utilizar as suas competências para efetuar uma reforma das políticas públicas, definindo prioridades legislativas e regulamentares e comunicando-as claramente aos decisores políticos.

As NBAs identificam leis e regulamentos que dificultam a atividade empresarial. Apresentam também recomendações e reformas concretas para eliminar esses obstáculos e melhorar o clima empresarial. O desenvolvimento de uma agenda empresarial nacional educa os membros do sector privado sobre as políticas públicas que os afectam. O processo permite que os representantes do sector privado apresentem as preocupações da comunidade empresarial aos funcionários governamentais numa só voz e aumenta a probabilidade de a agenda ser adoptada.

5.3.2 Análise do mapa de processos

Este procedimento é utilizado para captar e gerir o conhecimento envolvido no processo empresarial. O processo empresarial é analisado utilizando uma técnica de mapa de processos. O desenvolvimento da Agenda Empresarial Nacional (NBA) é selecionado como um processo empresarial. A ECCSA considera a iniciativa do Fórum Consultivo Público-Privado da Etiópia (EPPCF) como o pilar do seu serviço de defesa do sector privado. Este serviço de sensibilização é realizado através da Agenda Empresarial Nacional (NBA). O desenvolvimento da NBA é considerado um processo empresarial que inclui 7 actividades principais.

- **Captura de queixas / recursos**

As queixas recebidas da comunidade empresarial e as questões actuais emergentes que são captadas pelos meios de comunicação social são fontes de pontos da agenda. As associações empresariais apresentam questões prementes que justificam um diálogo com o governo. Para tal, é necessário conhecer os desafios (questões) actuais das empresas.

- **Identificação e seleção da agenda**

As principais pessoas envolvidas no desenvolvimento de uma agenda empresarial nacional devem reunir-se para formar um comité consultivo. O comité irá, em última análise, rever o projeto de agenda e apresentar comentários. Quanto mais membros do sector privado apoiarem a agenda, mais seriamente os funcionários do governo a considerarão. É necessário que tenham conhecimento das políticas e estratégias governamentais que dificultam fortemente a atividade empresarial.

- **Método participativo de avaliação/classificação**

O facilitador distribui a ordem de trabalhos da reunião e recorda aos participantes que o objetivo é identificar os obstáculos, hierarquizá-los e propor recomendações para a mudança. O facilitador enumera cada

obstáculo mencionado. Os participantes classificam os obstáculos por ordem de prioridade. O facilitador identifica os obstáculos que foram classificados como tendo a prioridade mais elevada, organizados por área problemática. Requer conhecimentos sobre a classificação dos desafios empresariais.

- **Realização de uma investigação**

A NBA realiza a investigação através de inquéritos à comunidade empresarial de todo o país. Os estudos realizados neste domínio constituem uma fonte importante para a agenda de diálogo. O grupo de trabalho elabora a agenda empresarial propriamente dita. Por conseguinte, deve ser composta por um número limitado de pessoas com um vasto conhecimento das questões que serão abordadas.

A task force receberá os pontos de vista e opiniões da comunidade empresarial e a sua função é transformar esses pontos de vista e opiniões num documento profissional. É possível que, em função dos obstáculos identificados, seja necessário organizar vários grupos de trabalho. Em última análise, o papel da task force é construir um documento substantivo que será apresentado ao governo. O documento deve identificar os obstáculos e propor soluções apoiadas em estudos e dados sólidos. Requer conhecimentos individuais sobre a agenda empresarial selecionada. Este conhecimento é de natureza tácita e adquirido através da participação de diferentes pesquisas empresariais. Requer também conhecimentos sobre políticas, legislações, estratégias, etc.

- **Obter feedback**

O coordenador do projeto distribui o projeto de NBA a cada associação participante para revisão. Cada associação pode escolher como se comunica com os seus membros e como obtém feedback. Isso pode ser feito simplesmente enviando o documento por e-mail. Ou, a associação pode organizar uma reunião com os membros para discutir as questões e soluções que a força-tarefa identificou. Embora a primeira opção seja muito mais rápida e simples, a segunda pode garantir maior compreensão da NBA, maior participação e compromisso futuro dos membros. Os líderes da associação empresarial também devem garantir que os membros da associação, ou seus representantes designados, tenham a oportunidade de analisar o documento preliminar e oferecer feedback. O documento requer conhecimento individual sobre a agenda de negócios pesquisada e o sector em que a agenda se concentra. Este conhecimento é de natureza tácita e é adquirido através da participação em diferentes investigações empresariais. Também requer conhecimentos sobre políticas, legislações, estratégias, etc.

- **Revisão da ordem de trabalhos**

O coordenador do projeto e os membros do grupo de trabalho incorporam o feedback no projeto de agenda. Este é o momento em que os comentários e sugestões para melhorar o conteúdo da agenda de trabalho são incorporados. Não é o momento para desacordos ou contradições sobre questões importantes. É o momento de afinar - não de alterar a substância da agenda que foi identificada e acordada em reuniões anteriores. Requer conhecimentos sobre como organizar e incorporar comentários essenciais.

- **Publicação da ordem de trabalhos**

O coordenador do projeto imprime a agenda empresarial nacional final (aprovada) em formato de brochura. Apresentar a Agenda Nacional de Negócios. O coordenador do projeto planeia uma conferência de imprensa. É importante definir uma agenda clara e decidir quem vai discutir que assuntos. A agenda da conferência de imprensa deve ser clara e concisa. Requer conhecimentos sobre a publicação de brochuras, a organização e a gestão de uma conferência.

Figura 5.1 Mapa do processo de desenvolvimento da NBA

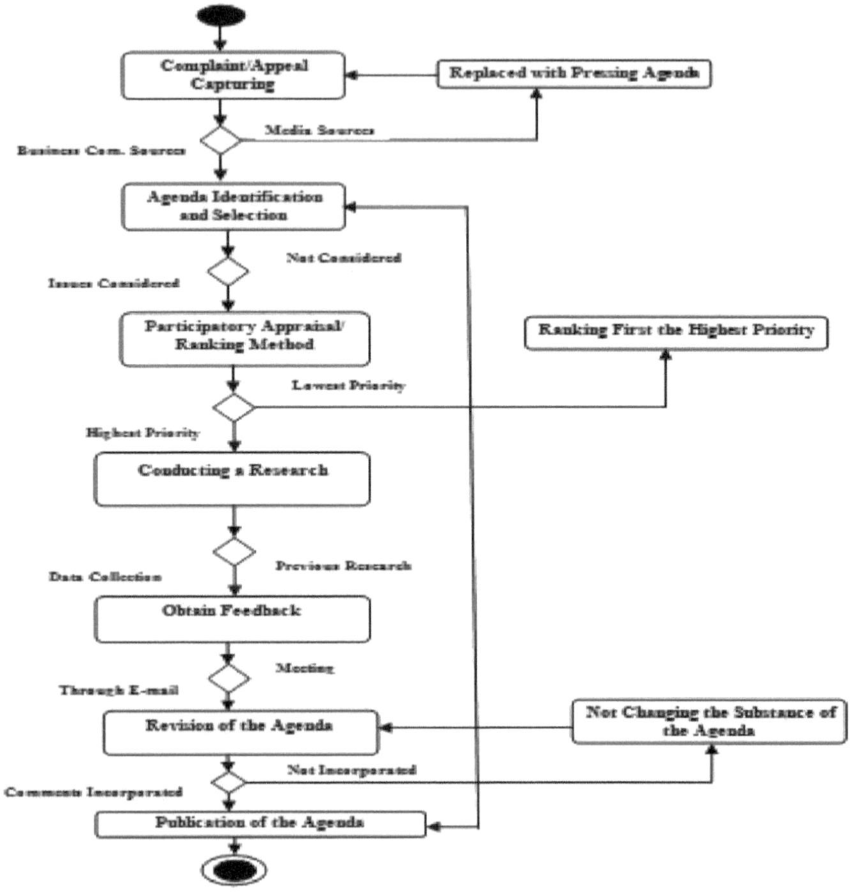

Fonte: Inquérito próprio, março de 2016

1.1.3 Extração de conhecimentos

Neste procedimento o conhecimento é extraído através de um mapa de processos. Os conhecimentos extraídos são enumerados da seguinte forma (Fonte: Inquérito próprio, março de 2016).

- Conhecimento da política governamental: Inclui conhecimento sobre a política de industrialização, política externa que inclui o Investimento Direto Estrangeiro (IDE), etc
- Conhecimento da Estratégia do Governo: Inclui conhecimento sobre a Industrialização Líder do Desenvolvimento Agrícola (ADLI), etc
- Conhecimentos de legislação: Inclui conhecimentos sobre impostos, terrenos, bancos, acesso a financiamento, licenças de construção, comércio e registo de licenças, etc
- Conhecimento das diretivas: Inclui regulamentos pormenorizados e específicos, por exemplo, a diretiva aduaneira
- Conhecimentos económicos: Inclui conhecimentos sobre negócios, marketing, finanças, etc
- Conhecimentos de Direito: Inclui conhecimentos sobre o código comercial, etc
- Conhecimento especializado: Este tipo de conhecimento é de natureza tácita e adquirido através do desenvolvimento de várias agendas comerciais nacionais
- Conhecimentos de investigação: Inclui conhecimentos sobre o mapeamento das partes interessadas, técnicas de entrevista, etc
- Conhecimentos de comunicação: Inclui conhecimentos sobre o lançamento da agenda, o anúncio aos meios de comunicação social, etc

1.1.4 Perfil de conhecimento

Neste procedimento, o perfil do conhecimento é produzido a partir do conhecimento extraído. O conhecimento é descrito através de atributos e relações. A definição de perfis de conhecimento ajuda a ligar as pessoas à informação e a ligar as pessoas às pessoas utilizando atributos como palavras-chave, descrições, importância e atributos de localizador de pessoas como um perito ou autor.

Perfil de conhecimento da política governamental

Knowledge ID	NBA-KWG-001
Type	Explicit Knowledge
Format	Document
Related Knowledge Component	NBA-KWG-002 and NBA-KWG-003
Description	This knowledge is used to know about industrialization policy and foreign policy which includes Foreign Direct Investment
Title	Government Policy Knowledge
Organization	Research and Advocacy Team
Access Right	All

Quadro 5.1 Perfil de conhecimentos sobre as políticas

Perfil de conhecimento da estratégia governamental

Knowledge ID	NBA-KWG-002
Type	Explicit Knowledge
Format	Document
Related Knowledge Component	NBA-KWG-001 and NBA-KWG-004
Description	This knowledge is used to refer strategy issues related to agriculture development lead industrialization
Title	Government Strategy Knowledge
Organization	Research and Advocacy Team
Access Right	All

Quadro 5.2 Perfil de conhecimento da estratégia

Perfil de conhecimentos sobre legislação

Knowledge ID	NBA-KWG-003
Type	Explicit Knowledge
Format	Document
Related Knowledge Component	NBA-KWG-001
Description	This knowledge is used to refer legislation issues of tax, land, access to finance, construction permit, trade and license registration, etc
Title	Legislation Knowledge
Organization	Research and Advocacy Team
Access Right	All

Quadro 5.3 Perfil de conhecimento da estratégia

Perfil de conhecimento das diretivas

Knowledge ID	NBA-KWG-004
Type	Explicit Knowledge
Format	Document
Related Knowledge Component	NBA-KWG-002 and NBA-KWG-006
Description	This knowledge is used to refer directive issues related to detail and specific regulations e.g. customs directive
Title	Directives Knowledge
Organization	Research and Advocacy Team
Access Right	All

Tabela 5.4 Perfil de conhecimentos sobre diretivas

Perfil de conhecimentos económicos

Knowledge ID	NBA-KWG-005
Type	Explicit Knowledge
Format	Document
Related Knowledge Component	NBA-KWG-007 and NBA-KWG-008
Description	This knowledge includes knowledge about business, marketing, finance, etc
Title	Economics Knowledge
Organization	Research and Advocacy Team
Access Right	All

Tabela 5.5 Perfil de conhecimentos económicos

Perfil de conhecimentos jurídicos

Knowledge ID	NBA-KWG-006
Type	Explicit Knowledge
Format	Document
Related Knowledge Component	NBA-KWG-004, NBA-KWG-007 and NBA-KWG-008
Description	This knowledge is used to refer laws like commercial code
Title	Law Knowledge
Organization	Research and Advocacy Team
Access Right	All

Tabela 5.6 Perfil de conhecimentos jurídicos

Perfil de conhecimento especializado

Knowledge ID	NBA-KWG-007
Type	Tacit Knowledge
Format	Expertise
Related Knowledge Component	NBA-KWG-005, NBA-KWG-006 and NBA-KWG-008
Description	This type of knowledge is tacit in nature and acquired through developing various national business agenda
Title	Expert Knowledge
Organization	Research and Advocacy Team
Access Right	All

Tabela 5.7 Perfil de conhecimentos dos peritos

Perfil de conhecimentos de investigação

Knowledge ID	NBA-KWG-008
Type	Tacit Knowledge
Format	Expertise
Related Knowledge Component	NBA-KWG-005, NBA-KWG-006 and NBA-KWG-007
Description	This type of knowledge includes knowledge about conducting a research. e.g. stakeholders mapping, interview technique, etc
Title	Research Knowledge
Organization	Research and Advocacy Team
Access Right	All

Quadro 5.8 Perfil dos conhecimentos de investigação

Perfil de conhecimentos de comunicação

Knowledge ID	NBA-KWG-009
Type	Explicit Knowledge
Format	Document
Related Knowledge Component	NBA-KWG-007
Description	This knowledge is used to refer communication policy and strategy
Title	Communication Knowledge
Organization	Research and Advocacy Team
Access Right	All

Tabela 5.9 Perfil dos conhecimentos de comunicação

1.1.5 Ligação de conhecimentos

Este procedimento é utilizado para identificar novas ligações de conhecimentos e examinar e confirmar as ligações existentes. A ligação de conhecimentos é representada como uma seta no mapa de conhecimentos, que representa um caminho de navegação de conhecimentos. O mapa de conhecimentos é um tipo de gráfico direcionado que contém nós e ligações. No mapa de conhecimentos, cada nó representa um item de conhecimento e as ligações representam a relação pré e pós entre conhecimentos.

Figura 5.2 Ligação de conhecimentos

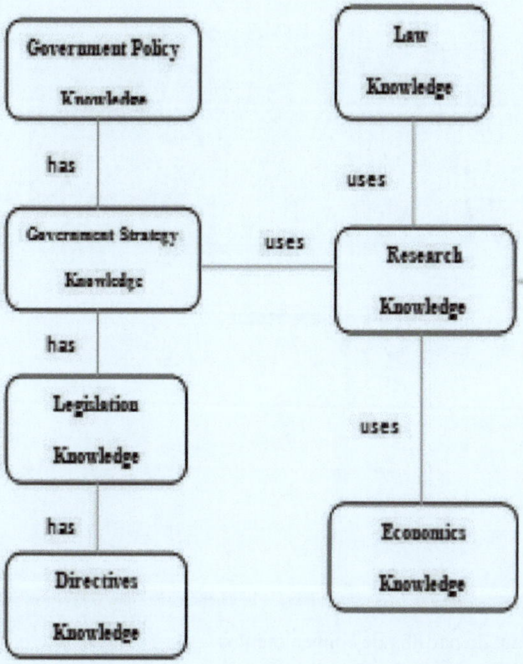

Fonte: Inquérito próprio, março de 2016

5.4 Conceção da plataforma de partilha de conhecimentos

O investigador utilizou o sistema de gestão de conteúdos (CMS) Drupal (versão 7.43) e a base de dados MYSQL para desenvolver uma plataforma de partilha de conhecimentos baseada na Web. O investigador também utilizou o servidor Apache para implementar a plataforma de partilha de conhecimentos. O objetivo da conceção desta plataforma de partilha de conhecimentos é melhorar a eficiência e reforçar a partilha de conhecimentos entre as associações membros da ECCSA.

5.4.1 Descrição da interface

A plataforma de partilha de conhecimentos tem diferentes páginas para criar um acesso fácil ao desenvolvimento de uma agenda empresarial nacional. Inclui páginas de base de conhecimentos, membros, recursos, blogue e fórum. A disposição geral da plataforma de partilha de conhecimentos é apresentada na Figura 5.3.

Figura 5.3 Estrutura geral da plataforma de partilha de conhecimentos

A página de início de sessão é utilizada pelo administrador do sistema e pelos representantes autorizados dos membros para aceder e utilizar o sistema. A página de início de sessão da plataforma de partilha de conhecimentos é apresentada na Figura 5.4.

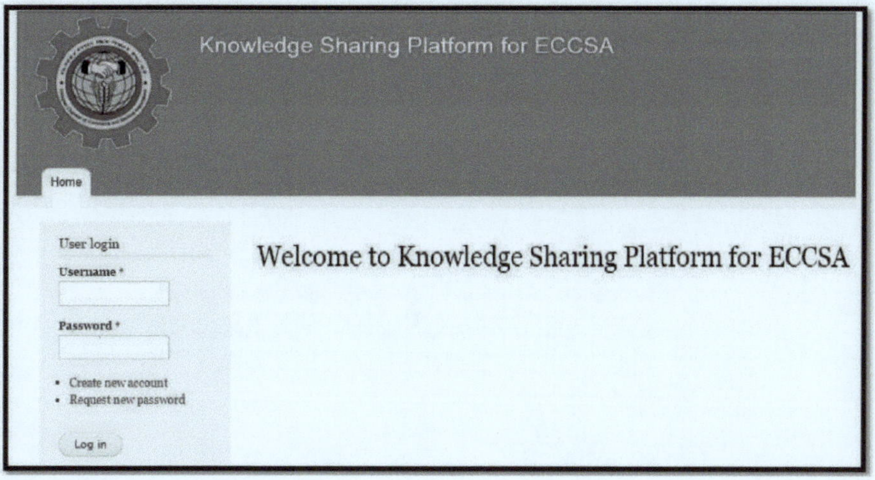

Figura 5.4 Página de início de sessão

A página Blogue permite que os utilizadores autorizados mantenham um blogue. Os blogs são uma série de publicações com carimbo de data e hora e normalmente são visualizados por data, de forma semelhante à visualização de um diário. As entradas do blogue podem ser tornadas públicas ou privadas para os membros do site, dependendo das funções que têm acesso para visualizar o conteúdo. O blogue é normalmente utilizado quando é necessário ter vários blogues, escritos por diferentes utilizadores, a funcionar num sítio. A página do blogue é mostrada na Figura 5.5.

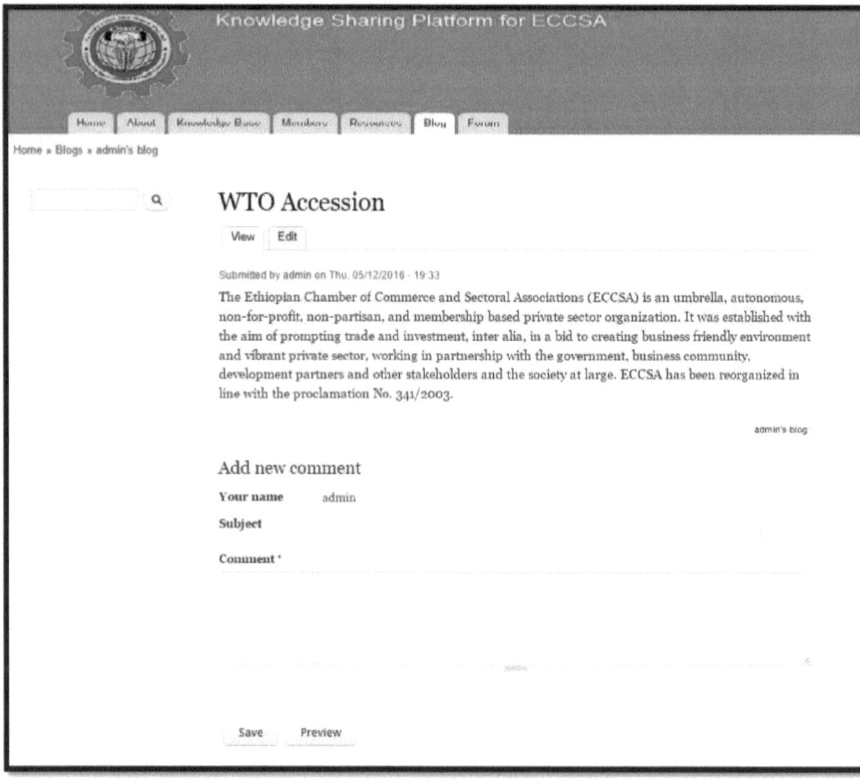

Figura 5.5 Página do blogue

Os diferentes módulos utilizados

Módulo Formulário de Entidade

O módulo Formulário de Entidade é utilizado para captar queixas/recursos da comunidade empresarial.

As associações empresariais apresentam questões prementes que justificam um diálogo com o governo.

Módulo de base de dados de conhecimento

O módulo Base de Conhecimentos fornece uma forma simples de gerir o conhecimento como parte do sistema.

Módulo do Fórum

O módulo Fórum é utilizado para criar fóruns *de* discussão num sítio. Os fóruns são muito úteis porque permitem que os membros da ECCSA discutam tópicos entre si e os debates são arquivados para referência futura.

Módulo de serviço de notificação

O módulo do serviço de notificações permite enviar novas notificações (mensagens) aos representantes das associações empresariais por correio eletrónico.

Módulo do sistema de gestão de documentos (DMS)

O módulo do sistema de gestão de documentos é utilizado para suportar revisões/versões de documentos. Este módulo permite-nos manter várias versões/revisões do mesmo documento. Os documentos que estão a ser criados nos nós são totalmente indexáveis pelo sistema de pesquisa. Além disso, o módulo fornece a sua própria pesquisa personalizada de documentos.

Módulo de entidade de filiação

O módulo Entidade Membro é utilizado para gerir os membros. Permite manter um registo histórico das adesões, renovações, caducidades, etc.

Módulo de pesquisa

O módulo de pesquisa permite aos utilizadores procurar conteúdos específicos no sítio. Os utilizadores podem procurar por palavras específicas. Este módulo permite efetuar pesquisas de diferentes tipos de dados.

5.5 Avaliação da plataforma de partilha de conhecimentos

A avaliação é uma atividade essencial no desenvolvimento e implementação de sistemas de gestão do conhecimento. A avaliação do artefacto deve ser vista como uma parte importante do processo de desenvolvimento para garantir que o artefacto desenvolvido pode trazer melhorias observadas e funciona no ambiente real (Hevner et al, 2004). Assim, a avaliação pode ser efectuada durante o desenvolvimento de uma plataforma de partilha de conhecimentos com a intenção de melhorar a eficiência e reforçar a partilha de conhecimentos. Os critérios de avaliação centraram-se na questão do acesso fácil e nas vantagens da plataforma de partilha de conhecimentos. Este critério aborda a facilidade de acesso à plataforma de partilha de conhecimentos para facilitar a simplicidade das associações membros na partilha de conhecimentos e as vantagens obtidas com esta plataforma.

O investigador explicou a funcionalidade detalhada e os benefícios do sistema de partilha de conhecimentos. O investigador utilizou peritos humanos para avaliar a eficiência da plataforma de partilha de conhecimentos. Os dados da avaliação foram recolhidos através de entrevistas com representantes das associações membros. As respostas às perguntas da entrevista relacionadas com a facilidade de acesso são explicadas da seguinte forma.

O desenvolvimento da agenda empresarial nacional é efectuado de forma não estruturada e não baseada em sistemas. A plataforma de partilha de conhecimentos proporciona um acesso fácil aos recursos de conhecimento e facilita a partilha de conhecimentos entre as associações membros da ECCSA. Como explicou o Perito Sénior em Advocacia:

> *As vantagens do sistema de acompanhamento do desenvolvimento da agenda empresarial nacional criam uma oportunidade de acesso fácil para as associações empresariais. Também proporciona aos utilizadores a oportunidade de verem o que foi feito, darem feedback e fazerem comentários, acompanharem o estado da agenda e conhecerem a compreensão e a opinião dos outros sobre o assunto. Além disso, o sistema reduz o custo da investigação (custo das entrevistas, custo da preparação dos questionários, custo da distribuição e custo da realização de discussões de grupo de foco (FGD). Consequentemente, o sistema melhora os resultados da investigação, a distribuição dos resultados da agenda e a partilha de informações.*

Este inquirido explicou que a plataforma de partilha de conhecimentos proporciona um acesso fácil, permitindo que as associações empresariais enviem comentários e feedback e acompanhem o estado da agenda. O perito sénior em investigação também explicou uma opinião semelhante:

> *A ativação do sistema de desenvolvimento da agenda empresarial nacional tem diferentes benefícios. Facilita o acesso e reduz o enorme custo de identificação de questões da abordagem NBA. O sistema permite obter informações diversificadas que podem ser facilmente consideradas prioritárias como uma questão da agenda. Proporciona flexibilidade na recolha de questões e na distribuição atempada das questões comerciais*

selecionadas e dos progressos da NBA. Além disso, aumenta a participação dos especialistas no desenvolvimento da agenda empresarial nacional.

Isto diz-nos que a plataforma de partilha de conhecimentos pode aumentar o número de participantes para avançar e enriquecer o desenvolvimento da NBA.

CAPÍTULO 6

DISCUSSÃO DOS RESULTADOS

Este estudo tem como objetivo avaliar as práticas de partilha de conhecimentos inter-organizacionais entre as associações membros da ECCSA, explorar os factores que promovem a partilha de conhecimentos entre as associações membros e conceber uma plataforma de partilha de conhecimentos que promova a partilha de conhecimentos inter-organizacionais. Os resultados do estudo são discutidos da seguinte forma.

6.1 Prática de partilha de conhecimentos inter-organizacionais

De acordo com os entrevistados selecionados para este trabalho de investigação, o método de partilha de conhecimentos inter-organizacionais mais frequentemente utilizado é a personificação. No entanto, a codificação é raramente aplicada ao IOKS entre as associações membros.

No que diz respeito aos métodos formais de partilha de conhecimentos no âmbito da personificação, a maioria dos entrevistados afirmou que a comunicação por correio eletrónico é a mais frequentemente utilizada no dia a dia. Além disso, as associações membros costumam realizar reuniões para comunicar e partilhar conhecimentos de forma eficiente. Esta conclusão também é apoiada por outro investigador, segundo o qual a partilha de conhecimentos a nível inter-organizacional é conseguida através de métodos formais de partilha de conhecimentos (Tang, 2008). O outro investigador também apoiou esta conclusão de que o movimento do conhecimento de domínio entre duas organizações se centra em mecanismos formais e não informais (Ipe, 2003).

A formação no local de trabalho é o outro meio de comunicação menos utilizado do que as reuniões. Da mesma forma, o trabalho em equipa e a partilha de experiências são métodos formais de IOKS raramente aplicados entre as associações membros.

Para além dos métodos acima referidos, o fórum consultivo, que é normalmente organizado duas vezes por ano, é muito utilizado para aplicar a partilha de boas práticas entre associações. Por exemplo, quando uma associação membro organizou e lançou com êxito uma feira comercial a nível internacional ou nacional, essa associação apresentou as melhores práticas típicas da associação no fórum consultivo como uma lição para as outras associações membros.

No que diz respeito aos métodos informais de partilha de conhecimentos no âmbito da personificação, a maioria dos inquiridos respondeu que a comunicação telefónica é o método mais frequentemente utilizado. Utilizaram a comunicação telefónica para informar as associações membros sobre a participação em formações, feiras comerciais, para recordar reuniões e outras notificações. No entanto, as associações membros raramente utilizam um meio de comunicação presencial para obter informações das associações membros pessoalmente. Isto parece ser frequentemente aplicado quando os escritórios das associações membros estão geograficamente mais próximos uns dos outros.

De acordo com a maioria dos inquiridos, a codificação é raramente aplicada pela maioria das associações membros para capturar e armazenar conhecimentos de modo a que qualquer pessoa interessada possa aceder a eles digitalmente. Tal como os inquiridos explicaram, a principal razão para não codificar o conhecimento é a falta de sensibilização para a tecnologia e as fracas infra-estruturas para utilizar eficazmente as TIC. Esta constatação também é apoiada por outro investigador, segundo o qual a codificação do conhecimento tácito exigia custos fixos iniciais elevados, mas como as mensagens se tornam reproduzíveis, as operações sucessivas podem ser efectuadas a um custo marginal muito baixo (Boisot, 1995). Isto diz-nos que a conceção de uma plataforma de partilha de conhecimentos é um mecanismo importante para promover o IOKS entre as associações.

6.2 Factores que promovem a partilha de conhecimentos inter-organizacionais

O fator contextual é considerado como um dos factores que podem promover o IOKS. Trata-se da situação e do ambiente em que se processa a partilha de conhecimentos. Inclui factores como a confiança. De acordo com a maioria dos inquiridos, existe uma falta de confiança entre as associações membros para partilhar conhecimentos. Isto dificulta a eficácia das iniciativas de promoção da partilha de conhecimentos entre as associações. Esta conclusão também é apoiada por outro investigador, segundo o qual a confiança pode facilitar a partilha de conhecimentos e aumentar a colaboração eficaz entre indivíduos numa organização ou entre organizações (Dulaimi, 2007).

Existem diferentes tipos de factores que estão relacionados com o fator organizacional. Inclui factores como a intenção organizacional de aprender, a política organizacional e a proximidade geográfica. Conforme referido pela maioria dos inquiridos, existe uma intenção organizacional positiva de aprender com outras associações membros. Este facto, tal como explicado pelos inquiridos, abriu caminho para que a maioria das associações utilizasse eficazmente os recursos e conhecimentos de outras associações. Outros investigadores também mencionaram que a intenção organizacional de aprender promove a partilha de conhecimentos interorganizacionais entre as organizações (Barson et al 2000; Cummings & Teng 2003; Smith et al., 2008)

No entanto, os entrevistados acreditam que existe uma barreira na existência de uma política organizacional e na proximidade geográfica para promover a partilha de conhecimentos entre as associações membros. Alguns dos inquiridos afirmaram que a sua associação não elaborou qualquer política organizacional. Do mesmo modo, responderam que a maioria das associações membros estão geograficamente demasiado longe umas das outras para poderem comunicar e partilhar conhecimentos.

Por conseguinte, o investigador considera que, em relação ao fator organizacional, a intenção organizacional de aprender é o fator mais favorável à promoção do IOKS entre as associações do que os factores da política organizacional e da proximidade geográfica.

A conceção de infra-estruturas TIC adequadas permite e apoia os membros na utilização e partilha de conhecimentos entre associações. No entanto, a maioria dos inquiridos considera que, em relação aos factores tecnológicos, a infraestrutura das TIC e a sua acessibilidade entre as associações membros é muito fraca. Acreditam que, devido à falta de sensibilização e às limitações financeiras, as associações não podem aplicar IOKS modernos e tecnologicamente apoiados. Por conseguinte, é possível constatar que a falta de infra-estruturas de TIC e a sua acessibilidade afectam os mecanismos IOKS. Esta conclusão também é apoiada por outro investigador, segundo o qual a tecnologia da informação tem o potencial de aquisição, armazenamento, processamento, recuperação e transferência de conhecimentos (Reychav & Weisberg, 2010).

O conhecimento pode ser transferido eficazmente por meios explícitos do que por conhecimento tácito (Chen, 2004). As respostas recolhidas junto da maioria dos inquiridos mostram que a maioria das associações membros utilizou ativamente o conhecimento tácito dos indivíduos em vez do conhecimento explícito. No entanto, todos os inquiridos concordam que existe uma enorme existência de ambos os tipos de conhecimento em todas as associações.

Por conseguinte, o autor deste trabalho de investigação acredita que, em relação à natureza do conhecimento, o conhecimento tácito é mais acumulado nas associações membros do que o conhecimento explícito. O investigador acredita também que é mais importante que as associações criem um mecanismo para captar e partilhar o conhecimento tácito, a fim de promover o IOKS entre as associações.

Ao discutir os quatro factores, tais como o fator contextual, o fator organizacional, o fator tecnológico e a natureza do conhecimento, os factores tecnológicos são os menos aplicados em todas as associações e é o fator que dificulta a partilha de conhecimentos entre associações. Isto diz-nos que as associações precisam de aplicar meios tecnológicos e infra-estruturas de TIC para promover o IOKS. Outros investigadores também apoiaram esta conclusão de que o emprego das TIC nas organizações melhora a sua comunicação (Gouza, 2006). É também intenção deste trabalho de investigação descobrir o problema existente e sugerir uma solução para ultrapassar os desafios com que as associações se deparam para promover o IOKS.

6.3 Conceção da plataforma de partilha de conhecimentos

A conceção e implementação de uma plataforma de partilha de conhecimentos na ECCSA é um esforço para melhorar a eficácia organizacional e o serviço aos membros. Esta plataforma permite criar e gerir novos conhecimentos e partilhar os seus conhecimentos para satisfazer as associações membros e manter uma vantagem competitiva no ambiente empresarial. Por conseguinte, a ECCSA deve ser uma organização que aprende de forma a criar, partilhar e aplicar conhecimentos que permitam aos membros serem competitivos no ambiente empresarial.

Um estudo sobre a ECCSA revelou o facto de a ECCSA não dispor de sistemas que promovam a aprendizagem organizacional. Por conseguinte, é muito importante conceber uma plataforma de partilha de conhecimentos que promova a partilha de conhecimentos entre as associações membros no contexto da ECCSA. Além disso, isto permite à ECCSA alcançar o sucesso organizacional e promover a partilha de conhecimentos entre as suas associações membros. Esta investigação seleciona o desenvolvimento da agenda empresarial nacional (NBA) como um processo empresarial. O processo da NBA é ilustrado por um mapa de processos, um perfil de conhecimentos e uma ligação de conhecimentos.

A plataforma de partilha de conhecimentos contém conhecimentos relacionados com o processo empresarial de desenvolvimento da agenda empresarial nacional. Além disso, a plataforma inclui diferentes ferramentas de gestão do conhecimento, como o fórum de discussão, a navegação na Web, o serviço de notificação, a pesquisa e recuperação e o sistema de gestão de documentos, a fim de tornar a plataforma mais funcional.

O resultado da avaliação dos inquiridos indica que a plataforma de partilha de conhecimentos promove a prática da partilha de conhecimentos entre as associações membros da ECCSA. Além disso, a plataforma permite um acesso fácil ao desenvolvimento da agenda empresarial nacional.

CAPÍTULO 7

CONCLUSÃO E RECOMENDAÇÕES

7.1 Conclusão

Este trabalho de investigação centrou-se na prática da partilha de conhecimentos, nos factores que promovem a partilha de conhecimentos e na conceção de uma plataforma de partilha de conhecimentos através da qual a Câmara de Comércio e Associações Sectoriais da Etiópia e as suas associações membros têm de aplicar nas suas actividades comerciais.

Explora a forma como o conhecimento é partilhado entre as diferentes associações membros da câmara e quais são os factores que promovem a partilha de conhecimentos inter-organizacionais. Além disso, concebe uma plataforma de partilha de conhecimentos inter-organizacionais que promove a partilha de conhecimentos entre as associações membros.

Esta investigação utilizou métodos de investigação qualitativos de estudo de caso e de ciência da conceção. O método de investigação de estudo de caso é utilizado para explorar a prática de partilha de conhecimentos existente entre as associações membros da ECCSA, enquanto o método de investigação de design científico é utilizado para conceber uma plataforma de partilha de conhecimentos que promova a partilha de conhecimentos. O estudo ajuda a explorar a prática de partilha de conhecimentos entre as associações membros da ECCSA. A investigação identificou os factores organizacionais, os factores contextuais, a natureza do conhecimento e os factores tecnológicos como os principais factores que promovem a partilha de conhecimentos inter-organizacionais na ECCSA.

As conclusões desta investigação indicam que a partilha de conhecimentos inter-organizacionais entre as diferentes associações membros da ECCSA é realizada principalmente através de partilha de conhecimentos formal e não através de métodos informais. Através de meios formais de partilha de conhecimentos inter-organizacionais, os conhecimentos partilhados são mais de natureza tácita do que explícita. O método informal de partilha de conhecimentos entre as diferentes associações membros permite-lhes obter conhecimentos específicos que resolvem tarefas relacionadas com problemas.

A conceção de infra-estruturas TIC adequadas permite e apoia os membros na utilização e partilha de conhecimentos entre associações. No entanto, a maioria dos inquiridos considera que, em relação aos factores tecnológicos, a infraestrutura das TIC e a sua acessibilidade entre as associações membros é muito fraca. Acreditam que, devido à falta de sensibilização e às limitações financeiras, as associações não podem aplicar IOKS modernos e tecnologicamente apoiados. Por conseguinte, pode referir-se que a falta de infra-estruturas de TIC e a sua acessibilidade afectam os mecanismos IOKS.

O estudo tem um contributo teórico ao confirmar as conclusões existentes com novos dados empíricos recolhidos no contexto de países em desenvolvimento. Este estudo contribui para as práticas de partilha de conhecimentos inter-organizacionais entre as associações membros da ECCSA.

Este estudo desenvolveu uma plataforma de partilha de conhecimentos que promove a partilha de conhecimentos inter-organizacionais entre associações membros. Esta investigação selecionou o desenvolvimento da agenda empresarial nacional (NBA) como um processo empresarial. O processo NBA é ilustrado por um mapa de processo, um perfil de conhecimento e uma ligação de conhecimento. A plataforma de partilha de conhecimentos contém conhecimentos relacionados com o processo empresarial de desenvolvimento da agenda empresarial nacional. Inclui também diferentes ferramentas de gestão do conhecimento, como o fórum de discussão, a navegação na Web, o serviço de notificação, a pesquisa e recuperação e o sistema de gestão de documentos, a fim de tornar a plataforma mais funcional.

O estudo identifica que a maioria das práticas de partilha de conhecimento inter-organizacional entre as organizações é feita através de métodos formais de partilha de conhecimento. Mas, o nível de codificação do conhecimento é muito raro de ser utilizado.

7.2 Recomendações

Recomenda-se vivamente que a infraestrutura de TIC utilizada pela ECCSA e pelas associações membros seja melhorada. Isto deve-se a três razões principais. A primeira razão é que uma infraestrutura de TIC bem desenvolvida pode facilitar a comunicação entre as associações membros e mesmo dentro de cada associação. Em segundo lugar, uma TIC bem estruturada pode apoiar o fluxo de conhecimentos entre associações. Do mesmo modo, quanto mais desenvolvida for a infraestrutura de TIC, melhor as associações empresariais podem aceder e partilhar conhecimentos entre associações membros. Por conseguinte, a ECCSA tem de melhorar e facilitar o desenvolvimento da infraestrutura das TIC para promover a partilha de conhecimentos entre as associações membros.

Para além de uma infraestrutura de TIC bem desenvolvida, a ECCSA tem de desenvolver uma estratégia de gestão do conhecimento. Esta está diretamente relacionada com o reforço do roteiro organizacional que ajuda a criar uma estratégia de gestão do conhecimento bem elaborada e desenvolvida. Por conseguinte, a ECCSA pode obter a eficácia dos seus objectivos estratégicos em relação à gestão dos conhecimentos. A ECCSA deve utilizar ferramentas KMS para apoiar as suas actividades empresariais.

Além disso, os fóruns consultivos menos promovidos na ECCSA devem ser mais promovidos, a fim de aumentar a eficácia da partilha de conhecimentos entre associações empresariais. Por outro lado, isto pode garantir que outras associações empresariais se sintam motivadas para a partilha de conhecimentos e experiências.

Por último, embora este trabalho de investigação se tenha centrado no processo empresarial de desenvolvimento da NBA, também pode ser aplicado noutros processos empresariais. Por exemplo, pode ser aplicado a processos empresariais de promoção do comércio e do investimento e de reforço das capacidades.

7.3 Limitações do estudo

Ao realizar este trabalho de investigação, o autor deparou-se com a limitação de traduzir o ficheiro áudio da entrevista, que está em amárico, para texto em inglês. Devido ao comportamento das duas línguas e ao comportamento da tradução, o investigador considera que pode haver um pequeno preconceito.

Além disso, o investigador deparou-se com recursos limitados produzidos na Etiópia sobre organizações locais. Para colmatar estas lacunas, o investigador recorreu a artigos, estudos, publicações e livros publicados no estrangeiro sobre organizações estrangeiras.

7.4 Investigação futura

O autor deste trabalho de investigação não acredita que esta investigação possa satisfazer as exigências da partilha de conhecimentos inter-organizacionais. Por conseguinte, outros trabalhos de investigação semelhantes irão satisfazer mais questões e exigências nesta área. Assim, recomenda-se que outros estudos sobre a gestão do conhecimento e o sistema de gestão do conhecimento preencham definitivamente a lacuna.

Além disso, o investigador gostaria de recomendar que a ECCSA implementasse a plataforma de partilha de conhecimentos, a fim de colmatar a lacuna na partilha de conhecimentos entre as associações membros.

Referências

Abdullah, M. S., Benest, I., Evans, A., & Kimble, C. (2002, setembro). Técnicas de modelação do conhecimento para o desenvolvimento de sistemas de gestão do conhecimento. *Na Terceira Conferência Europeia sobre Gestão do Conhecimento:* Trinity College Dublin, Irlanda (p. 17).

Abzari, M., & Teimouri, H. (2008). Os factores eficazes na partilha de conhecimentos nas organizações,

Revista Internacional de Gestão do Conhecimento, da Cultura e da Mudança

8(2), 105-13.

Alam, S.S., Abdullah, Z., Ishak, N.A., & Zain, Z. M. (2009). Avaliação do comportamento de partilha de conhecimentos entre trabalhadores de PME: *Um estudo empírico. Int. Bus. Res., 2(2):* 115 - 122. Alavi, M., & Dorothy, E. L. (1999). Sistemas de gestão do conhecimento: *questões, desafios e benefícios. Comunicações da AIS 1,* 7:1-37.

Alavi, M., & Leidner , D . E. (2001). Gestão do conhecimento e sistemas de gestão do conhecimento: *Conceptual foundations and research issues, MIS Quarterly 25(1),* 107-136.

Al-Busaidi, K. A. (2013). A Framework of Critical Factors to Knowledge Workers' Adoption of Inter-organizational Knowledge Sharing Systems. *Jornal de Gestão do Conhecimento Organizacional*, Universidade Sultão Qaboos, Alkhod, Omã, Artigo ID 496419.

Albino, V., A. C. Garavelli (1998). Transferência de conhecimento e relações inter-firmas em distritos industriais: O papel da empresa líder. *Technovation* 19(1): 53-63.

Alony, I., Whymark, G., & Jones, M. (2007) . Partilha de conhecimentos tácitos: um estudo de caso na indústria cinematográfica australiana , *Informing Science Journal*, 10, 41-59.

Argote, L. (2003). Organizational learning : Creating retaining, and transferring knowledge. Norwell, MA: Kluwer.

Assefa, T., Garfield, M., & Meshesha, M. (2014). Proposta de uma arquitetura de sistema de gestão do conhecimento (KMS) para promover a partilha de conhecimento entre os colaboradores. *Vigésimo Segundo*

Conferência Europeia sobre Sistemas de Informação, Telavive.

Barrett, S. & Konsynski, B. (1982). Inter- organizational information sharing systems, *MIS Quarterly,* 6(4), 93 105.

Barson, R.J., Foster, G., Struck, T., Ratchev, S., Pawar, K., Weber, F., & Wunram, M (2000). Inter-and intra- organizational barriers to sharing knowledge in the extended supply chain, In *Proceedings of the eBusiness and eWork,* pp. 18-20.

Bartczak, S. E. (2002). Identifying barriers to knowledge management in the united states military, *Tese*, EUA: Alabama, Universidade de Auburn.

Becerra - Fernandez, I., Gonzalez, A. , & Sabherwal, R (2004). Gestão do conhecimento: Desafios, soluções e tecnologias. Pearson Prentice Hall, Nova Jersey.

Bhatt, G . D. (2001). Gestão do conhecimento nas organizações: Examinar a interação entre tecnologias, técnicas e pessoas, *Journal of Knowledge Management,* 5(1), pp.68-75.

Boer, N.I., Berends, H., & Baalen, P. V. (2011). Modelos relacionais para o comportamento de partilha de conhecimentos, *Eur Manage J, 29,* 85 - 97.

Boisot, M. (1995). Espaço de informação: um quadro para a aprendizagem nas organizações, instituições e cultura, *Blackwell*, Londres.

Booch, G., Rumbaugh, J., & Jacobson, I. (1999). The unified modelling language user guide, *Addison Wesley*, Reading, Massachusetts.

Brenner, W., Zarnekow, R., & Wittig, H. (1998). Intelligent software agents foundations and applications, Berlim.

Brown, John & Duguid, P. (1998). Organizing knowledge, Sage Publications, pp.19-40.

Bryman, A. (2008). Social Research Methods, Oxford University Press.

Caloghirou, Y., Kastelli, I., & Tsakanika, A. (2004). Capacidades internas e fontes externas de conhecimento: Complements or substitutes for innovative performance, *Technovation*, 24 : 29-39.

Cao, M. & Zhang, Q. (2011). Colaboração na cadeia de abastecimento: Impacto na vantagem colaborativa e

desempenho das empresas, *J Oper Manage*, vol. 29, 163-180.

Carlisle, Y. (2001). Pensamento estratégico e gestão do conhecimento: em Managing Knowledge An essential reader little S, *Quintas P & Ray T* (Eds.), London : Sage Publications Ltd,122- 138.

Cash, J. I., & Konsynski, B. R. (1985) . IS redraws competitive boundaries, *Harvard Business Review,* março-abril, 134-142.

Chatzoglou, P., & Vraimaki, E. (2009). Knowledge sharing behavior of bank employees in Greece, *Business Process Management Journal, 15(2),* 245 - 266.

Chen, S., Duan, Y. & Edwards, J.S. and Lehaney, B. (2002).Towards an inter-organizational knowledge transfer framework for SMEs, *In Proceedings of Third European Conference on Knowledge Management MCIL.*

Chen, Y . H., Wu, J. J., Chien, S. H., & Shiah, Y. C. (2014). Explorando os fatores de

compartilhamento de conhecimento inter-organizacional. *International Journal of Social,*

Behavioral, Educational, Economic, Business and Industrial Engineering Vol:8, No:7.

Chua, A. (2003). Knowledge sharing: a game people play, *A Slib Proceedings, 55 (3).*

Creswell, J.W.(2007). Qualitative inquiry and research design: Choosing among five approaches, *Sage Publications*, Thousand Oaks.

Cummings, J. L. & Teng, B.S. (2003). Transferring R & D knowledge : The key factors affecting knowledge transfer success, *Journal of Engineering and Technology Management.*

Davenport, T.H., & Prusak, L.(2000).Working knowledge: How organizations manage what they know, Boston: *Harvard Business School Press.*

Denzin, N. K. & Lincoln, Y. S. (2000). The sage handbook of qualitative research, *Sage Publicações*, Londres.

Dick Stenmark (2001). Leveraging tacit organizational knowledge. *Journal of Management*

Information Systems, Vol. 17, No. 3

Dixon, N.M. (2000). Common knowledge: How companies thrive by sharing what they now, Boston: Harvard Business School.

D. Laser & M.c.Binz - Scharf. Maria Christina (2004) . Lending a helped hand : Voluntary engagement in knowledge sharing. *Revista Internacional de Aprendizagem e Mudança* col.3,No.1.

Dulaimi, M . F. (2007). Case studies on knowledge sharing across cultural boundaries (Estudos de caso sobre a partilha de conhecimentos para além das fronteiras culturais). *Engineering Construction and Architectural Management* , Vol. 14 No. 6, pp. 550-567.

Easterby-Smith, M., Lyles, M.A. & Tsang, E. W. K. (2008) . Transferência de conhecimento inter-organizacional: Temas actuais e perspectivas futuras, *Journal of Management Studies*, 45(4)-690

Fahey, L., & Prusak, L. (1996). The onze deadliest sins of knowledge management, California Management Review, 40(3), 59-79.

Firestone, J.M ., & Mark W. (2005). Doing Knowledge Management, *Journal of Learning Organization 12,* 2: 1-29.

Frost, A. (2011). Knowledge acquisition, A knowledge management resource website, disponível em : *http://www.knowledge-managementtools.net/knowledge - cquisition.html, acedido em* dezembro de 2015.

Gerring, J. (2004) . What is a case study and what is it good for?, *American Political Science Review*, 98(2), pp 341-354.

Gold, A.H., Malhotra, A., &. Segars, A.H. (2001). Knowledge management : An organizational capabilities perspective, *Journal of Management Information Systems* 18, 1: 185-214.

Gouza, A. (2006) . Key factors of knowledge transfer within university spin-offs, *Journal of Systems and Information Technology*, Vol. 12 No. 1, pp. 161-173.

Gregor, S., & Jones, D.(2007). A anatomia de uma teoria do design. *Journal of the Association for Information Systems*, 8(5).

Guarino, N. (1997) . Compreender, construir e utilizar ontologias: A commentary to using explicit ontologies in KBS development, *International Journal of Human and Computer Studies*, *46,* 293-310.

Hansen, M., Nohria, N., & Tierney, T. (1999). Qual é a sua estratégia para gerir o conhecimento? *Harvard Business Review*, 77(2), 106-116.

Nieminen H. T. (2005). Successful inter-organizational knowledge transfer : Desenvolvimento de condições prévias através da gestão do contexto da relação.

Hau, L . N., & Evangelista, F. (2007). Acquiring tacit and explicit marketing knowledge from foreign partners in IJVs, *Journal of Business Research* (60:11).

Henn, M., Weinstein, M. & Foard, N. (2009). A critical introduction to social research, 2.ª ed., *Sage Publications*, Londres.

Hesse-Biber, S.N. & Leavy, P. (2011). A prática da investigação qualitativa, 2.ª ed., *Sage Publications*, Thousand Oaks, Califórnia.

Hevner, A. R., March, S. T., Park, J., & Ram, S. (2004). Design science in information systems research. *Management Information Systems Quarterly*, 28(1), 75-106.

Horn, T. (1999). Internet - Intranet - Extranet: Potentiale im unternehmen, Munique:Viena.

Huseman, R., & Goodman, J., (1999). Leading with knowledge. Londres: Sage.

Consultoria ICOS. (2013). Plano estratégico quinquenal (2014/5 - 2018/19) da ECCSA. *Publicado pela ECCSA*, Adis Abeba, Etiópia.

Ipe, M. (2003). A partilha de conhecimentos nas organizações: Um quadro concetual. *Recursos Humanos*

Development Review, 2: 337-359.

Ke, W., & Wei, K. K. (2007). Factores que afectam a partilha de conhecimentos entre parceiros comerciais: utilização da lente da economia dos custos de transação e das teorias sociais e políticas, *Electron Commer R A,* 6, 297 - 308.

Kidwell, J.J., Linde K.M.V., & Johnson. S.L. (2000). Applying corporate knowledge management practices in higher education, *Edu Cause Quarterly*, 4: 28-33.

Kim, S., & Lee, H. (2005). Capacidades de partilha de conhecimentos dos trabalhadores em organizações públicas e privadas: Does organizational context matter? *Actas da 38ª Conferência Internacional do Havai sobre Ciências do Sistema*, 1-10.

Kim, S., Suh, E., Hwang, H. (2003). Construindo o mapa do conhecimento: Um estudo de caso industrial. *Journal of Knowledge Management*, 7 (2), 34-45.

King, W. R. (2006). *Encyclopedia of knowledge management*: IGI Global.

Knoben, J. & L.A.G. Oerlemans (2006). Proximidade e colaboração inter-organizacional: uma revisão da literatura. *International Journal of Management Reviews.*

Kumar, Ranjit (1996). Research Methodology: A step by step guide for beginners, First edition , 6 Bonhhill, *Sage Publication.*

Lehner, F. (2000). Memória organizacional. Konzepte und Systeme fur das organisatorische *Lernen und das Wissensmanagement*, Munique: Viena.

Leung, N., Lau, S.K., & Fan, J. (2009). Enhancing the reusability of inter organizational knowledge : An ontology-based collaborative knowledge management network, *Electronic Journal of Knowledge Management*, 7(20), 233 - 244.

Lichtenstein, S., & Hunter, A. (2006). Toward a receiver-based theory of knowledge sharing: *International Journal of Knowledge Management, **2**(1),* 24-40

Macintosh, A. (1995). Documento de posição sobre a gestão do conhecimento. Instituto de Aplicações de Inteligência Artificial. Universidade de Edimburgo.

Maier, R. (2007). Sistemas de gestão do conhecimento (3ª ed.), Berlim : Heidelberg, Springer - Verlag.

March, S. T., & Smith, G. F. (1995). Design e investigação em ciências naturais sobre tecnologia da informação. *Decision Support Systems,* 15, 251-266.

Marshall, C. & Gretchen, B. (2006). Designing qualitative research, 4ª edição, Thousands Oaks, *Sage Publication,* pp. 97 - 150.

Miller, W. L., & Morris, L. (1999). Fourth Generation R&D : Managing knowledge, technology, and Innovation, Wiley, Hoboken NJ.

Mircea, M. (2015). Collaborative networks-premises for exploitation of inter-organizational knowledge management. *Informatica Economica, 20*(2), 57-65.

Moteleb, A. A., & Woodman, M. (2009). Descobrindo uma abordagem KMSD a partir da prática : *Revista Eletrónica de Gestão do Conhecimento (eJKM), 7(1)*, 123-134.

Mustafa, S. (2006). Um novo modelo de ciclo de vida para o processamento da gestão do conhecimento. *Segunda Conferência Internacional sobre Negócios, Gestão e Economia em Izmir*, Turquia, 1-9.

Nakkiran, N., & David. A. (2003). An investigation of knowledge management implementation strategies, *Proceedings of SAICSIT*, 24-36.

Narges, S., Farhad , D. & Aybuke , A. (2009). Investigating inter-organizational knowledge sharing intention in supply chain partnership. *Actas do ACIS 2009*. Documento 18.

Nonaka, I. (1991). A empresa criadora de conhecimento, *Harvard Business Review*, 96-104.

Nonaka, I. (1994). A dynamic theory of organizational knowledge creation, *Organization Science, 5(1),* 14-37.

Nonaka, I., & Krogh, K. V. (2009). Tacit knowledge and knowledge conversion: *Controversy and advancement in organizational knowledge creation theory, Organization Science* 20, 3: 635-652.

Nonaka, I., & Noboru, K. (1998). The Concept of "Ba" : Building a foundation for knowledge creation, *California Management Review. 40(3),* 40-54.

Nonaka, I., & Takeuchi, H. (1995). A empresa criadora de conhecimento: como as empresas japonesas criam a dinâmica da inovação, Nova Iorque: *Oxford University Press*.

Nongkran L., Souren P., Peter M.,Jr (2007). Perspetiva teórica sobre a eficácia da interação entre os actores.

partilha de conhecimentos organizacionais. Tecnologia da Informação e da Comunicação da Universidade de Mahidol, Tailândia.

Offermann, P., Levina, O., Schonherr, M., & Bub, U. (2009). Esboço de uma ciência do design processo de investigação. *Actas da 4ª Conferência Internacional sobre Investigação em Ciências do Design na Informação.*

O'Leary, D. (1998). Utilização da IA na gestão do conhecimento: Bases de conhecimento e ontologias. *IEEE Intelligent* Systems.

Omur, Y. S., Omur, N., & Engin, D. E. (2009). A study on knowledge management and firm performance in Turkish IT sector, *Conferência Europeia e Mediterrânica sobre Sistemas de Informação*, 13-14 de julho, Izmir: Crowne Plaza Hotel.

Pan, S. L. (1998). A socio-technical view of knowledge-sharing at Buckman Laboratories, *Journal of Knowledge Management, **2**(1),* 55-66.

Payne, J., & Tony, S. (1994). Demystifying knowledge management, disponível em: http://www.constructingexcellence.org.uk/pdf/document/KMGuide.pdf. acedido em dezembro de 2015.

Polanyi, M. (1967). A dimensão tácita, Inglaterra: Londres.

Posner, P. L. (2009). The pracademic : An agenda for re-engaging practitioners and academics, *Public Budgeting & Finance, 29(1),* 12-26

Pusaksrikit, P. (2006). Como é que a gestão do conhecimento melhora o sector dos serviços? Universidade de Jonkoping, Jonkoping International Business School, *JIBS*, Business Informatics.

Reychav, I. & Weisberg, J. (2010). Bridging intention and behavior of knowledge sharing. *Journal of Knowledge Management* , Vol. 14 No. 2, pp. 285-300.

Ribino et al. (2009). Um sistema de gestão do conhecimento baseado em ontologias, *tese de doutoramento*.

Richard, J. (2004). A competitive advantage through knowledge creation, Davenport: lowa, St. Ambrose University.

Sari R. D., Imam S., & Srikandi K. (2013). Análise das necessidades de partilha de conhecimento inter-organizacional entre micro, pequenas e médias empresas com mercado tradicional.

Robbins, S. P. (2003). Communication. Em J. Shelstad (Ed.), Organizational behavior, NJ : Pearson Education,Upper Saddle River, 10, 22-41.

Robey, D., Im, G., & Wareham, J. D. (2008). Theoretical foundations of empirical research on inter organizational systems : Assessing past contributions and guiding future diretions, *Journal of the Association for Information Systems,* 9(9), 497-518.

Rosemary V. D. (2012). Um quadro de trabalho para a partilha de conhecimento interorganizacional: Influências gerenciais.

Santosus, M., & Surmacz, J. (2008). ABC da gestão do conhecimento, recuperado de www.cio.com/research/knowledge/edit/kmabc.html. acedido em novembro de 2015.

Savolainen, T., Beeckmann, D., Groumpos, P., & Jagdev, H. (1995). Positioning of modelling approaches, methods and tools, Computers in industry, 25, 255- 262.

Schreiber, G., Akkermans, H., Anjewierden, A., de Hoog, R., Shadbolt, N., de Velde, W.V., & Wielinga, B. (1999). Engenharia e gestão do conhecimento: *a metodologia comum KADS*, Massachusetts: MIT Press.

Sharma, S.S. (2014). Uma revisão crítica sobre a gestão do conhecimento. *In: Redefinindo management practices and marketing in modern age*, Patil, D. e Bhakkad, D.D. (eds.), Atharva Publications. pp. 50-53.

Shibru K. (2015). Investigação da partilha de conhecimentos interorganizacionais: O caso dos gabinetes sectoriais da administração da cidade de Adis Abeba: *Dissertação de Mestrado*, Adis Abeba: Universidade de Adis Abeba.

Silverman, D. (2005). Doing qualitative research: A practical handbook, 2ª ed., *Sage Publications*, Thousand Oaks, Califórnia.

Smith, R.D., & Bollinger, A.S. (2001). Gerir o conhecimento organizacional como um ativo estratégico.

Journal of Knowledge Management, 5(1), 8-18.

Sprague, R. H. Jr. (1995). Electronic document management: Challenges and opportunities for information systems managers*, em Management Information Systems Quarterly , 19(1),* 29-49.

Szulanski, G. (1996). Exploring internal stickiness: Impediments to the transfer of best practice within the firm. *Strategic Management Journal, 17*, 27-43.

Tang, L . (2008). Informal inter organizational knowledge sharing: the case of the biotechnology industry, na 94ª Conferência Anual da National Communication Association, San Diego.

Temtim A. D. (2014). Permitir a partilha de conhecimentos no local de trabalho: *Dissertação de doutoramento*, Addis Abeba: Universidade de Addis Abeba.

T.R. Gruber, T.R. (1993). Uma abordagem de tradução para ontologias portáteis: *Knowledge Acquisition*, *5(2),* 199-220.

Turban, E., McLean, E., & Wetherbe, J. (1999). Information technology for management, making connections for strategic advantage, Nova Iorque.

Van Der Meer, R., Torlina, L. & Mustard, J. (2013a). Inter-organizational knowledge sharing in regional sustainable development communities. *Revista Internacional de Gestão das Tecnologias da Informação*, 12(3-4), pp252-272

Warkentin, M., Bapna, R., & Sugumaran, V. (2001). Redes de conhecimento eletrónico para o comércio eletrónico colaborativo inter-organizacional. *Logistics Information Management*, *14* (1/2) , 149 -163.

Watson, I. (2003). A knowledge management initiative by UK local government. *In, Knowledge Management and Organizational Memories*, Kluwer Academic Publishers, Boston.

Wielinga, B., Sandberg, J., & Schreiber, G. (1997). Métodos e técnicas para a gestão do conhecimento: O que é que a engenharia do conhecimento tem para oferecer? *Expert System with Application*, 13(1), 73-84.

Wijk, V. R., J. J. P. Jansen, et al. (2008). Inter and intra-organizational knowledge transfer: A meta analytic review and assessment of its antecedents and consequences. *Journal of Management Studies* 45(4): 830-853.

Zhang, J., Faerman, S.R., & Cresswell, A.M. (2006). The effect of organizational/technological factors and the nature of knowledge on knowledge sharing (O efeito dos factores organizacionais/tecnológicos e da natureza do conhecimento na partilha de conhecimentos). *Actas da 39ª Conferência Internacional do Havai sobre Ciências de Sistemas*, 1-10.

Zigurs, I., Buckland, B. K. (1998). A theory of task/technology fit and group support systems effectiveness in *Management Information Systems Quarterly - MISQ*, 22(3), 313-334.

Apêndice I. Perguntas da entrevista

Estas perguntas da entrevista foram preparadas para recolher dados relevantes para explorar a prática de partilha de conhecimentos existente e os factores que promovem a IOKS entre as associações membros da ECCSA. Por conseguinte, solicita-se que forneça informações tão exactas e recentes quanto possível.

A vossa colaboração na entrevista será muito apreciada!

Informações de base

1. Pode explicar a sua formação académica, a sua posição na associação e a sua experiência profissional?

Prática de partilha de conhecimentos

2. Já ouviu falar de partilha de conhecimentos entre organizações? Como é que o conhecimento é gerido/partilhado entre departamentos na sua associação?
3. Considera que a sua organização adquire conhecimentos externos de outras associações membros? Por favor, explique ?
4. Já participou em fóruns de diálogo, acções de formação, workshops, seminários, exposições e feiras comerciais organizados pela ECCSA? Em caso afirmativo, explique os benefícios que trouxe para a sua associação.
5. Como é que partilham conhecimentos com outras associações?
6. Quais são os principais canais de comunicação que a sua organização utiliza mais frequentemente entre as associações membros para a partilha de conhecimentos?

Factores que promovem a partilha de conhecimentos inter-organizacionais

1. Quais são os principais factores que influenciam a partilha de conhecimentos entre as associações membros?

2. Em que medida considera que a sua organização promove a partilha de conhecimentos entre os membros?

3. Há um intercâmbio livre de conhecimentos entre as associações membros?

4. Considera que as melhores práticas são promovidas entre as associações membros?

Plataforma de partilha de conhecimentos

1. Quais são os desafios para desenvolver uma plataforma de partilha de conhecimentos na sua associação?

2. Que tipo de sistemas de partilha de conhecimentos a sua organização utiliza para partilhar conhecimentos?

3. Poderia explicar a sua experiência organizacional na utilização, acesso e disponibilidade de ferramentas TIC existentes para partilhar conhecimentos entre outras associações?

Apêndice II. Perguntas para entrevistas sobre o processo comercial de desenvolvimento da NBA

1. Quais são as actividades do processo comercial de desenvolvimento da NBA?
2. Quais são os conhecimentos necessários para realizar essas actividades?
3. Quais são as questões empresariais consideradas na realização das actividades empresariais?
4. Que tipo de documentos são necessários para realizar essas actividades?

Apêndice III. Perguntas das entrevistas para a avaliação da plataforma de partilha de conhecimentos

1. Quais são os benefícios que a sua associação obtém com esta plataforma de partilha de conhecimentos?

2. A plataforma de partilha de conhecimentos cria um acesso fácil?

Apêndice IV. Lista de controlo da observação

1. Os métodos comuns de partilha de conhecimentos utilizados pelas associações membros
2. As associações membros trocam livremente conhecimentos em fóruns consultivos?
3. As associações estão a gerir corretamente os seus documentos?
4. Quais são os meios tecnológicos para facilitar a partilha de conhecimentos entre as associações membros?
5. Existe um meio de promover as melhores práticas entre as associações membros?

MIX
Papier aus verantwortungsvollen Quellen
Paper from responsible sources
FSC® C105338

Printed by Books on Demand GmbH, Norderstedt / Germany